U0033804

吳墉祥在台日記

（1965）

The Diaries of Wu Yung-hsiang at Taiwan, 1965

民國日記｜總序

呂芳上
民國歷史文化學社社長

　　人是歷史的主體，人性是歷史的內涵。「人事有代謝，往來成古今」（孟浩然），瞭解活生生的「人」，才較能掌握歷史的真相；愈是貼近「人性」的思考，才愈能體會歷史的本質。近代歷史的特色之一是資料閎富而駁雜，由當事人主導、製作而形成的資料，以自傳、回憶錄、口述訪問、函札及日記最為重要，其中日記的完成最即時，描述較能顯現內在的幽微，最受史家重視。

　　日記本是個人記述每天所見聞、所感思、所作為有選擇的紀錄，雖不必能反映史事整體或各個部分的所有細節，但可以掌握史實發展的一定脈絡。尤其個人日記一方面透露個人單獨親歷之事，補足歷史原貌的闕漏；一方面個人隨時勢變化呈現出不同的心路歷程，對同一史事發為不同的看法和感受，往往會豐富了歷史內容。

　　中國從宋代以後，開始有更多的讀書人有寫日記的習慣，到近代更是蔚然成風，於是利用日記史料作歷

史研究成了近代史學的一大特色。本來不同的史料，各有不同的性質，日記記述形式不一，有的像流水帳，有的生動引人。日記的共同主要特質是自我（self）與私密（privacy），史家是史事的「局外人」，不只注意史實的追尋，更有興趣瞭解歷史如何被體驗和講述，這時對「局內人」所思、所行的掌握和體會，日記便成了十分關鍵的材料。傾聽歷史的聲音，重要的是能聽到「原音」，而非「變音」，日記應屬原音，故價值高。1970年代，在後現代理論影響下，檢驗史料的潛在偏見，成為時尚。論者以為即使親筆日記、函札，亦不必全屬真實。實者，日記記錄可能有偏差，一來自時代政治與社會的制約和氛圍，有清一代文網太密，使讀書人有口難言，或心中自我約束太過。顏李學派李塨死前日記每月後書寫「小心翼翼，俱以終始」八字，心所謂為危，這樣的日記記錄，難暢所欲言，可以想見。二來自人性的弱點，除了「記主」可能自我「美化拔高」之外，主觀、偏私、急功好利、現實等，有意無心的記述或失實、或迴避，例如「胡適日記」於關鍵時刻，不無避實就虛，語焉不詳之處；「閻錫山日記」滿口禮義道德，使用價值略幾近於零，難免令人失望。三來自旁人過度用心的整理、剪裁、甚至「消音」，如「陳誠日記」、「胡宗南日記」，均不免有斧鑿痕跡，不論立意多麼良善，都會是史學研究上難以彌補的損失。史料之於歷史研究，一如「盡信書不如無書」的話語，對證、勘比是個基本功。或謂使用材料多方查證，有如老吏斷獄、法官斷案，取證求其多，追根究柢求其細，庶幾還原

案貌，以證據下法理註腳，盡力讓歷史真相水落可石出。是故不同史料對同一史事，記述會有異同，同者互證，異者互勘，於是能逼近史實。而勘比、互證之中，以日記比證日記，或以他人日記，證人物所思所行，亦不失為一良法。

　　從日記的內容、特質看，研究日記的學者鄒振環，曾將日記概分為記事備忘、工作、學術考據、宗教人生、游歷探險、使行、志感抒情、文藝、戰難、科學、家庭婦女、學生、囚亡、外人在華日記等十四種。事實上，多半的日記是複合型的，柳貽徵說：「國史有日歷，私家有日記，一也。日歷詳一國之事，舉其大而略其細；日記則洪纖必包，無定格，而一身、一家、一地、一國之真史具焉，讀之視日歷有味，且有補於史學。」近代人物如胡適、吳宓、顧頡剛的大部頭日記，大約可被歸為「學人日記」，余英時翻讀《顧頡剛日記》後說，藉日記以窺測顧的內心世界，發現其事業心竟在求知慾上，1930 年代後，顧更接近的是流轉於學、政、商三界的「社會活動家」，在謹厚恂恂君子後邊，還擁有激盪以至浪漫的情感世界。於是活生生多面向的人，因此呈現出來，日記的作用可見。

　　晚清民國，相對於昔時，是日記留存、出版較多的時期，這可能與識字率提升、媒體、出版事業發達相關。過去日記的面世，撰著人多半是時代舞台上的要角，他們的言行、舉動，動見觀瞻，當然不容小覷。但，相對的芸芸眾生，識字或不識字的「小人物」們，在正史中往往是無名英雄，甚至於是「失蹤者」，他們

如何參與近代國家的構建，如何共同締造新社會，不應
該被埋沒、被忽略。近代中國中西交會、內外戰事頻
仍，傳統走向現代，社會矛盾叢生，如何豐富歷史內
涵，需要傾聽社會各階層的「原聲」來補足，更寬闊的
歷史視野，需要眾人的紀錄來拓展。開放檔案，公布公
家、私人資料，這是近代史學界的迫切期待，也是「民
國歷史文化學社」大力倡議出版日記叢書的緣由。

導言

侯嘉星

國立中興大學歷史學系助理教授

　　《吳墉祥在台日記》的傳主吳墉祥（1909-2000），
字茂如，山東棲霞縣人。幼年時在棲霞就讀私塾、新式
小學，後負笈煙台，畢業於煙台模範高等小學、私立
先志中學。中學期間受中學校長、教師影響，於1924
年加入中國國民黨；1927年5月中央黨務學校在南京
創設時報考錄取，翌年奉派於山東省黨部服務。1929
年黨務學校改為中央政治學設大學部，故1930年申請
返校就讀，進入財政系就讀，1933年以第一名成績畢
業。自政校畢業後留校擔任助教3年，1936年由財政
系及黨部推薦前往安徽地方銀行服務，陸續擔任安慶分
行副理、經理，總行稽核、副總經理，時值抗戰軍興，
隨同皖省政府輾轉於山區維持經濟、調劑金融。1945
年因抗戰勝利在望，山東省主席何思源遊說之下回到故
鄉任職，協助重建山東省銀行。

　　1945年底山東省銀行正式開業後，傳主擔任總經
理主持行務；1947年又受國民黨中央黨部委派擔任黨
營事業齊魯公司常務董事，可說深深參與戰後經濟接收
與重建工作。這段期間傳主也通過高考會計師合格，
並當選棲霞區國民大會代表。直到1949年7月因戰局
逆轉，傳主隨政府遷台，定居於台北。1945至1950這

6 年間的日記深具歷史意義，詳細記載這一段經歷戰時淪陷區生活、戰後華北接收的諸般細節，乃至於國共內戰急轉直下的糾結與倉皇，可說是瞭解戰後初期復員工作、經濟活動以及政黨活動的極佳史料，已正式出版為《吳墉祥戰後日記》，為戰後經濟史研究一大福音。

1949 年來台後，除了初期短暫清算齊魯公司業務外，傳主以會計師執照維生。當時美援已進入台灣，1956 年起受聘為美國國際合作總署駐華安全分署之高級稽核，主要任務是負責美援項目的帳務查核，足跡遍及全台各地。1960 年代台灣經濟好轉，美援項目逐漸減少，至 1965 年美援結束，傳主改任職於中美合營之台達化學工業公司，擔任會計主任、財務長，直到 1976 年退休；國大代表的職務則保留至 1991 年退職。傳主長期服務於金融界，對銀行、會計及財務工作歷練豐富，這一點在《吳墉祥戰後日記》的價值中已充分顯露無遺。來台以後的《吳墉祥在台日記》，更是傳主親歷中華民國從美援中站穩腳步、再到出口擴張達成經濟奇蹟的各個階段，尤其遺留之詳實精采的日記，成為回顧戰台灣後經濟社會發展的寶貴文獻，其價值與意義，以下分別闡述之。

一

史料是瞭解歷史、探討過去的依據，故云「史料為史之組織細胞，史料不具或不確，則無復史之可言」（梁啟超，《中國歷史研究法》）。在晚近不斷推陳出新的史料類型中，日記無疑是備受歷史學家乃至社會各

界重視的材料。相較於政府機關、公司團體所留下之日常文件檔案，日記恰好為個人在私領域中，日常生活留下的紀錄。固然有些日記內容側重公事、有些則抒發情懷，但就材料本身而言，仍然是一種私人立場的記述，不可貿然將之視為客觀史實。受到後現代主義的影響，日記成為研究者與傳主之間的鬥智遊戲。傳主寫下對事件的那一刻，必然帶有個人的想法立場，也帶有某些特別的目的，研究者必須能分辨這些立場與目的，從而探索傳主內心想法。也因此，日記史料之使用有良窳之別，需細細辯證。

那麼進一步說，該如何用使日記這類文獻呢？大致來說，良好的日記需要有三個條件，以發揮內在考證的作用：（1）日記之傳主應該有一定的社會代表性，且包含生平經歷，乃至行止足跡等應具體可供複驗。（2）日記須具備相當之時間跨度，足以呈現長時段的時空變化，且年月日之間的紀錄不宜經常跳躍脫漏。（3）日記本身的文字自然越詳細充實越理想，如此可以提供豐富素材，供來者進一步考辨比對。從上述三個條件來看，《吳墉祥在台日記》無疑是一部上佳的日記史料。

就代表社會性而言，傳主曾擔任省級銀行副總經理、總經理，又當選為國大代表；來台後先為執業會計師，復受聘在美援重要機構中服務，接著擔任大型企業財務長，無論學經歷、專業素養都具有相當代表性。藉由這部日記，我們可以在過去國家宏觀政策之外，以社會中層技術人員的視角，看到中美合作具體的執行情

況，也能體會到這段時期的政治、經濟和社會變遷。

而在時間跨度方面，傳主自 1927 年投考中央黨務學校起，即有固定寫作日記的習慣，但因抗戰的緣故，早年日記已亡佚，現存日記自 1945 年起，迄於 2000 年，時間跨度長達 55 年，僅 1954 年因蟲蛀損毀，其餘均無日間斷，其難能可貴不言可喻。即便 1945 年至 1976 年供職期間的日記，也長達 32 年，借助長時段的分析比對，我們可以對傳主的思想、心境、性格，乃至習慣等有所掌握，進而對日記中所紀錄的內容有更深層的掌握。

最重要的，是傳主每日的日記寫作極有條理，每則均加上「職務」、「師友」、「體質」「娛樂」、「家事」、「交際」、「游覽」等標題，每天日記或兩則或三則不等，顯示紀錄內容的多元。這些內容所反映的，不僅是公務上的專業會計師，更是時代變遷中的黨員、父親、國民。因此從日記的史料價值來看，《吳墉祥在台日記》能帶領我們，用豐富的角度重新體驗一遍戰後台灣的發展之路，也提供專業財經專家觀點以及可靠的事件觀察記錄，讓歷史研究者能細細品味 1951 年至 1976 年這 26 年間，種種宏觀與微觀的時代變遷。

二

戰後中華民國的各項成就中，最被世界所關注的，首推是 1980 年代前後台灣經濟奇蹟（Taiwan Economic Miracle）了。台灣經濟奇蹟的出現，有其政策與產業的背景，1950 年開始在美援協助下政府進行基礎建設

與教育投資,配合進口替代政策發展國內產業。接著在
1960 年代起,推動投資獎勵與出口擴張、設立加工出
口區,開啟經濟起飛的年代。由於經濟好轉,1963 年
起台灣已經累積出口外匯,開始逐步償還美援,在國際
間被視為美援國家中的模範生,為少數能快速恢復經濟
自主的案例。在這樣的時代背景中,美援與產業經營,
成為分析台灣經濟奇蹟的關鍵。

《吳墉祥在台日記》中,傳主除了來台初期還擔任
齊魯公司常務董事,負責清算業務外,直到 1956 年底
多憑會計師執照維持生計,但業務並不多收入有限,反
映此時台灣經濟仍未步上軌道,也顯示遷台初期社會物
質匱乏的處境。1956 年下半,負責監督美援計畫執行
的駐華安全分署招聘稽核人員,傳主獲得錄用,成為美
方在台雇用的職員。從日記中可以看到,美援與中美合
作並非圓滑順暢,1956 年 11 月 6 日有「中午王慕堂兄
來訪,謂已聞悉安全分署對余之任用業已確定,以前在
該署工作之中國人往往有不歡而散者,故須有最大之忍
耐以與洋員相處云」,透露著該工作也不輕鬆,中美合
作之間更有許多幽微之處值得再思考。

戰後初期美援在台灣的重大建設頗多,傳主任職期
間往往要遠赴各地查帳,日記中記錄公務中所見美援支
出項目的種種細節,這是過去探討此一課題時很少提到
的。例如 1958 年 4 月前往中橫公路工程處查帳,30 日
的日記中發現「出於意外者則另有輔導會轉來三萬餘元
之新開支,係輔導會組織一農業資源複勘團,在撥款時
以單據抵現由公路局列帳者,可謂驢頭不對馬嘴矣。除

已經設法查詢此事有無公事之根據外，當先將其單據
內容加以審核，發現內容凌亂，次序亦多顛倒，費時良
久，始獲悉單據缺少一萬餘元，當交會計人員與該會再
行核對」。中橫公路的經費由美援會提供公路局執行，
並受美方監督。傳主任職的安全分署即為監督機構，從
這次的查帳可以發現，對於執行單位來說，往往有經費
互相挪用的便宜行事，甚至單據不清等問題，傳主查帳
時一一指出這些問題乃為職責所在，亦能看到其一絲不
苟的態度。1962 年 6 月 14 日傳主前往中華開發公司查
帳時也注意到：「中華開發信託公司為一極特殊之構
成，只有放款，並無存款，業務實為銀行，而又無銀行
之名，以余見此情形，甚懷疑何以不能即由 AID（國際
開發總署）及美援會等機構委託各銀行辦理，豈不省費
省時？現開發公司待遇奇高，為全省之冠，開支浩大，
何以必設此機構辦理放款，實難捉摸云」，顯然他也看
到許多不合理之處，這些紀錄可提供未來探討美援運
用、中美合作關係的更深一層面思考。

　　事實上，最值得討論的部分，是傳主在執行這些任
務所表現出來的操守與堅持，以及這種道德精神。瞿宛
文在《台灣戰後經濟發展的源起：後進發展的為何與如
何》一書中強調，台灣經濟發展除了經濟層面的因素
外，不能忽略經濟官僚的道德力量，特別是這些人經歷
過大陸地區的失敗，故存在著迫切的內在動力，希望努
力建設台灣以洗刷失敗的恥辱。這種精神不僅在高層官
僚中存在，以傳主為代表的中層知識分子與專業人員，
同樣存在著愛國思想、建設熱忱。這種愛國情懷不能單

純以黨國視之，而是做為知識分子對近代以來國家認同發自內心的追求，這一點從日記中的許多事件細節的描述可以觀察到。

三

1951 年至 1965 年間，除了是台灣經濟由百廢待興轉向起飛的階段，也是政治社會上的重大轉折年代。政治上儘管處於戒嚴與動員戡亂時期，並未有太多自由，但許多知識分子仍然有自己的立場批評時政，特別是屬於私領域的日記，更是觀察這種態度的極佳媒介，從以下兩個小故事可以略窺一二。

1960 年頭一等的政治大事，是討論總統蔣中正是否能續任，還是應該交棒給時任副總統的陳誠？依照憲法規定，總統連選得連任一次，在蔣已於 1954 年連任一次的情況下，不少社會領袖呼籲應該放棄再度連任以建立憲政典範。然而國民大會先於 3 月 11 日通過臨時條款，無視憲法條文規定，同意在特殊情況下蔣得以第二度連任。因此到了 3 月 21 日正式投票當天，傳主在日記中寫下：

> 上午，到中山堂參加國民大會第三次會議第一次選舉大會，本日議程為選舉總統……蓋只圈選蔣總統一人，並無競選乃至陪選者，亦徒具純粹之形式而已。又昨晚接黨團幹事會通知，囑一致投票支持，此亦為不可思議之事……開出圈選蔣總統者 1481 票，另 28 票未圈，等於空白票，此皆為預料中之

> 結果，於是街頭鞭炮齊鳴，學生遊行於途，電台廣
> 播特別節目，一切皆為預定之安排，雖甚隆重，而
> 實則平淡也。

這段記述以當事人身分，重現了三連任的爭議。對於選
舉總統一事也表現出許多知識分子的批評，認為徒具形
式，特別是「雖甚隆重，而實則平淡也」可以品味出當
時滑稽、無奈的複雜心情。

1959 年 8 月初，因颱風過境造成中南部豪雨成
災，為二十世紀台灣最大規模的天災之一，日記中對此
提到：「本月七日台中台南一帶暴雨成災，政府及人民
已展開救災運動，因災情慘重，財產損失逾十億，死傷
在二十五萬人左右（連殃及數在內），政府正做長期計
畫，今日起禁屠八天，分署會計處同人發起募捐賑災，
余照最高數捐二百元」。時隔一週後，傳主長女即將赴
美國留學，需要繳交的保證金為 300 元，由此可知八七
水災中認捐數額絕非小數。

日記的特點在於，多數時候它是傳主個人抒發內心
情緒的平台，並非提供他人瀏覽的公開版，因此在日記
中往往能寫下當事人心中真正想法。上述兩個小例子，
顯示在政治上傳主充滿愛國情操，樂於發揮人溺己溺
的精神援助他人；但他也對徒具形式的政治大戲興趣缺
缺，甚至個人紀錄字裡行間均頗具批判意識。基於這樣
的理解，我們對於《吳墉祥在台日記》，可以進行更豐
富細緻的考察，一方面同情與理解傳主的心情；另方面
在藉由他的眼光，觀察過去所發生的大小事件。

四

　　然而必須承認的是，願意與傳主鬥智鬥力，投入時間心力的歷史研究者，並非日記最大的讀者群體。對日記感興趣者，更多是作家、編劇、文人乃至一般社會大眾，透過日記的閱讀，體驗另一個人的生命經歷，不僅開拓視野，也豐富我們的情感。確實，《吳墉祥在台日記》不單單是一位會計師、財金專家的工作紀錄簿而已，更是一位丈夫、六名子女的父親、奉公守法的好公民，以及一個「且認他鄉作故鄉」（陳寅恪詩〈憶故居〉）的旅人。藉由閱讀這份日記，令人感受到的是內斂情感、自我紀律，以及愛國熱情，這是屬於那個時代的回憶。

　　歷史的意義在於，唯有藉由認識過去，我們才得以了解現在；了解現在，才能預測未來。在諸多認識過去的方法中，能承載傳主一生精神、豐富閱歷與跌宕人生旅程的日記，是進入門檻較低而閱讀趣味極高的絕佳媒介。《吳墉祥在台日記》可以是歷史學者重新思考戰後台灣經濟發展、政治社會變遷不同面向的史料，也是能啟發小說家、劇作家們編寫創作的素材。總而言之，對閱讀歷史的熱情，並不局限於象牙塔、更非專屬於少數人，近年來大量出版的各類日記，只要願意嘗試接觸，它們將提供讀者無數關於過去的細節與經驗，足供做為將我們推向未來的原動力。

編輯凡例

一、 吳墉祥日記現存自 1945 年至 2000 年，本次出版
　　 為 1951 年以後。

二、 古字、罕用字、簡字、通同字，在不影響文意
　　 下，改以現行字標示。

三、 難以辨識字體或遭蟲註，以■表示。

四、 部分內容涉及家屬隱私，略予刪節，恕不一一
　　 標注。

日記照片選錄

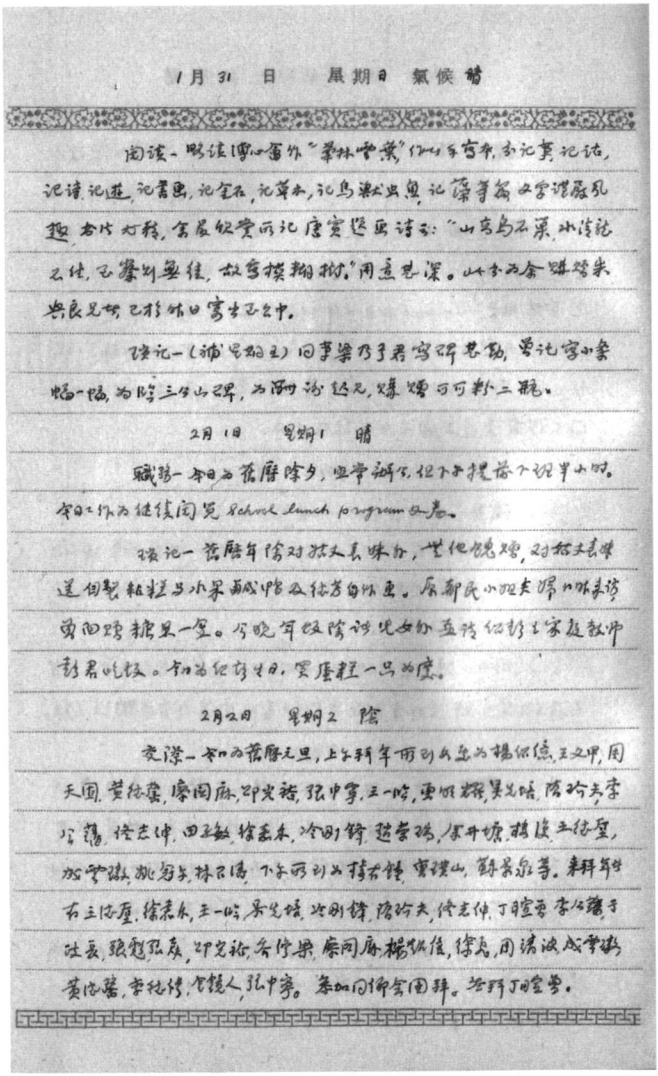

2月 23 日　星期2　氣候 陰

交際－一未同學著到�宿舍探看 承以宋揚切厚與徐孟茹訂
結婚喜訊 新郎為印度籍，乃眼此諸君僅此項目之之女 誉為向人物。

閱讀－讀 Economic Development: Past and Present, R.T.
Gill 作, 為 Foundations of Modern Economics Series 之一種, 為教之書
係將經濟學不成九冊作為教材, 就此得言, 乃以工業革命為開展與其於此之說明為題材, 時間甚速一種書, 但答案甚少未嘗
論師及用中國大陸經濟發展之簡問民治摘要, 惜之此報較不滿好
皆大陸資料說之, 不遇細察說明一為本為版期之多素忽略也。

2月24日　星期3　陰雨

職務－上午會若副先中主任課上聲明主面議之事紛於酌洽
詢結果, 同此相嘉察予以摘要申覆停止付道, 乙於討諗一第工大陸地方
政府之許快慢中等保中內政部主管, 但只五六年一次摘要申詳得夕無
佐補. 故此劃不詳得到懽度, 係估乙一年必口集大會者素記為, 臨時
含同個本組長 Mattidele 談明, 仍五午討者組織民 McMahon. 歸
調縣向政界務借之証據, 其內政部商面此次甚多摘到佳之佐以即為,
含表不同難, 但既尺為方之, Mattidele 又云, 含五年成所談好解以
法同終此辭去, 將乙知為約, 此生對再变代價古閱甚多注意。
到先中主任云, 美穿飲向國亞次雾帳人員 多為 Mattidele 占理及
含表品遠逢, 但活為美國政府机構, 向惹賠属机, 該國仍用
如語者古二年, 含於將此向客求懷保做到, 再交到到該國
服路。應此以两費代償不為不為了, 別君課 Mattidele 好智之
東境若書同將往人之向懇批級之職業, 故態甚懽重。

3月 27 日　星期 6　氣候　晴

閱讀－讀「杜月笙先生紀念集」九二集，為杜氏門人暨社人員所纂集，執筆為社會人士所作，而史中及者多為壹之大事，無逾於期刊之作「追悼月笙仕業」與陳定山作「迎月笙先生靈櫬歸葬回土」兩者之內容勝。挽聯以輓聯勝。第二集列為續編惟多以該社人員之作品為主，而加入報章雜誌上紀念文章既嫌晚詞筆多剪裁，甚一般之榮哀錄也。但此回洪同立為率縫時杜氏之性格多作為互違相之描寫，既不同於阿諛目賢，此乃昔游俠贄態，此為人務出身市井，而為社會支柱，此其所以不同凡響也。

3月28日　星期日　陰雨

集會－上午到一女中大禮堂出席中國地方自治學會廿回年紀念典禮及第五次會員大會，今日並將舉行選業書記候合資及吊行甲選，進女會議內容很我亦不甚之列引也。

娛樂－上午到台灣看表小大鵬平劇公演，為全本穆柯寨，由王鳳娟主演由甚重鑑本起，乃楊此昭破穆柱英行廣馬卜止，角色配搭均甚好。

3月29日　星期1　晴陣雨

參觀－上午同杭芳到華南銀行看蘭花展覽，此次展出係以物本單位分區，並將獲優勝獎者加以特別陳列，以知所間，而任優勝為彰化杜出品之一盆蝴蝶蘭，聚光大為舉發作雲青色研拔為實出，此外所展亦小至中國蘭股種，擺價之低左右，又議及名貴而至含苞之演美聚蕊蘭花等事以時之結。

家事－上午經結事率表兒紅星低女病愈今出院。

5月 14 日　　星期 5　氣候 陰雨

職務－上午約時到名達化學公司為副經理陳洽談，其它
事項：(1)名義先不發表，(2)約通決定股八千五，(3)籌組織公會
計主任王君，待它明日起會到14日先報告等，以後另訂四會。

師友－午到航空公送 Martindale 回國，並其已約定達
佐我，到氣轄份墨眼鏡光中探於年君等，告講或情形。

5月15日　　星期6 晴

職務－今日趕辦明到名達公司洽事會計事務等諸部工作，由
周錬平君先作待檢付此應用母公司 mobile 之會計 manual。

師友－下午，佟志偉兄來談，告已晚餐 A.I.D.，並到名達佐
職。晚，同往為到水康街訪王慕尹兄，談等各候，告已到名達工
作，請勿再告譬劃云。

5月16日　　星期日 雨

師友－晚，張中寧兄約晚飯，與佟志偉如王慕治堂林同志
李德民君來談，及調理當今事行以促主計慕公文之保松中。

娛樂－上午看小大鵬平劇公演，劇目為許揚孝公責如
醉酒圖，後為王鳳娟主演，嘲諷的甚可取。

5月17日　　星期1 晴

職務－繼續看名達院聚資料，以為年表到數字參公物
中 working paper 內尋出。另副經理陳兩來正一併以代研擬的並商
會方的向午到名日先作研討，仍日兩時第緯實會計作業摘成
書類帳方式撰為寫技開實施，冀以結此之慕清楚，九三起以便
再引檢查。

7月 29日　星期4　氣候晴

職務－在日工廠檢討營業問題，一為未完工程轉入固定資產問題，由於本月份電未將所改計算收回，故決定先將此一部分一廠沒有教裁本期教款作為月份材蓋查帳，同時唐原材蓋抹改廠而遷帳機，二為繁造費用的撥付改章告界碰，已週一概收起訖，今日與朱君及秦到廠長三人作此次竟。

7月30日　星期5　晴

旅行－上午九時廿分由高雄乘觀光號火車北返，十二時半到台中，外赴此博香故宮博物院展覽，有因人多故不久，得二多眼，態多游。乘不多校，桓住，四城東工時到半改光搭續行，由此三刻到台北，參中火車雲停橋高雄東南旅行社代為代保台收，余自己之電旅行社，杜約到不及要饮，眼樂轉神不同也。

7月31日　星期6　晴

訪友－晚，同紙莘到蔡子起思想論文紹中相担的法保證人二一，又話密教宏見，二為此為，但不遠，庶保證不台話辩理。同紙莘訪用玉博教授，兄及主筆貫領与紀南四片。

家事－下午，姜慧兒去味未後女有理赴美手續进行形戒，办亥都請諾四时至十日左右，将冗會快略。

8月1日　星期日　晴

慶弔－本约普君去強連感母喪之向弔，余代拄持，此五大为的主三以四小时，去协聲，地方市工績侯馆，十二時密洛為弔饗。十二時終雲於牧院，弔客為眾，搬車与花圈約三數百件。

12月 12 日　星期日　氣候晴

　　參觀－上午同紀念到者三一女中參加第二十屆校慶紀念會，因
引連跑道，故而改觀之後隊表演女中有幼女校園操加苦老
未經見，甘州心時表演整上運動与平衡名運動此七運動表演兒
卑小快，中十學生相信，上乘之為，佳為大圈作舞陣兒數万人，隊
形變化甚為井然有序，及樂子中与教會，古古虎兒會另歡未都
參觀。

　　娛樂－後到園文看小大鵬表演平劇，計四齣，首出係
膳張書員之楊陰山，甚好，次為郭菉齡王冕平未錦等上句
門樓，楊配二君齊皆，三為兜密之呂蒙安平之三眼殺，甚是好
而張錦鬣，末出胡小鳳楊蓮英列此生笠之泗州城，三人皆
古甚佳績洋戲，極出衆凑。

12月13日　星期一　晴

　　職務－上星期六到中山路合作金庫及論核押借款辦
理動產押作手續時，因後之際急，林副經理定兑個本人目將
女結處主任佳理核洽，以便過去後办庫先行塑借部分名同分
日交款情与副經理作理鐔王民核洽，電告小王部村若小庫董傾說，
黃君之以恣低詢笹，當所苦心原察，村州黃君又率西洽，謀借同
敦敦村一家之宮太之，盎詢尚對小支價特形，傅盎價虽为价，
反知忡立明瞭本小目財弱狀況，當所予小粉說區女好救王
店如栗振之源多过當审供狀沉囡，盎向彭治以州日報之
浸未矢價表一份，以示乙女多予致意，盎先期限弓以期往，
盎於筢歷年木送一小部分。

目　錄

總序／呂芳上 I

導言／侯嘉星 V

編輯凡例 XV

附圖／日記照片選錄 XVI

1965 年

1 月 1

2 月 15

3 月 29

4 月 43

5 月 55

6 月 68

7 月 79

8 月 90

9 月 101

10 月 111

11 月 122

12 月 138

附錄 156

吳墉祥簡要年表 165

1965 年（57 歲）

1月1日　星期五　晴
集會

上午，到中山堂參加團拜，由蔣總統宣讀元旦文告。

娛樂

晚，同德芳、紹中、紹彭到台灣大學參觀該校民族舞蹈社表演之「舞蹈之夜」，凡二十節目，歷時二小時，其中以民族舞居多數，但以金士飛之春燈舞，張慧娥等四人之採茶舞，與八人合演之山地舞為最佳，正副社長黃聯泉、李淑麗之康定情歌亦佳，其他尚有哥薩克舞、印度舞等，而最精彩者無過於另一副社長金士飛與李維之芭蕾舞「夢與熱情」，而吳淑貞之芭蕾舞「玫瑰花魂」亦為不可多得。

1月2日　星期六　雨
體質

月來鼻疾情況又有轉變，此前之鼻腔分泌物本已甚少，而喉頭轉多，月來則喉頭又漸漸減少，而兩鼻又轉多，且時時排出，約二、三十分鐘一次，上星期三李蒼醫師診斷，認為不過為過敏現象，鼻實無何問題，而所配之 Allercur 服用藥與日本製點鼻藥又謂不必常用，故余只能偶爾用之，一面鎮靜，一面使鼻腔略有舒適感，然終未知有何治本之道也，右鼻之嗅覺已完全恢復，上牙床本因手術後麻木而不能自如，現亦再覺輕減。

1月3日　星期日　雨
師友

　　下午，朱興良兄來訪，云昨自台中來，目的為因所服務之彰化銀行元旦發表人事調動一批，朱兄本人上月曾來此託馬兆奎兄向該行董事長張聘三介紹遞補一退休人員之較高職位，不知已否有成，乃向馬兄查詢，始知尚未進行云，朱兄又贈所藏劉石庵書七言詩立軸，甚好，詩云：曾託丹青寫粉芭，山林台閣有神交，不知妙繪今何處，想對霜容畫露梢。

1月4日　星期一　晴晚雨
職務

　　今日複核經合會起草之 U-306 Report 五件，連前共打出十九件，全部交卷，該會共起草卅一件，據云有十二件因改易之處甚少，故將該會原件交 Martindale 複核，今日完成之十九件則因改易甚多，故須重打云。
師友

　　潘堅兄來電話云，所著世界各國政府與人民應如何反共一書，請進出口公會補助出版英文版，初步雖告失敗，但仍在繼續爭取中，今日聯合報刊陶百川美國通訊分析國際局勢，與其書所指陳者若合符節，余購該報讀該文，確有獨到之處。

1月5日　星期二　雨
師友

　　上週接由孟佑之主辦寄來為李延年氏籌款修屋之聯

名邀約函一件，余亦在具名十四人內，但事先不知，今
日以電話詢張志安師母，據云事先知崔唯吾師列名，對
孟君不事先告余，亦云不合，此即證明並非崔師代為具
名者，據即決定置之不復。

娛樂

　　張中寧兄贈師範大學話劇票二張，余與德芳前往，
係學生所演四幕劇「孝悌傳家」，甚好。

1月6日　星期三　雨後陰
職務

　　亞洲水泥公司對於本分署查帳報告囑辦事項及投資
組一併通知應辦事項寫來一信，有所解釋，由 McKeel
主辦，對投資組送來會簽之見，囑余先提意見，余將
要點擬好，並先交劉允中主任核閱，認為甚充分，但送
McKeel 後則對於其中一望而知之事，囑余再補充說明，
此人年事不大，但官僚習氣甚重，同人皆有是感也。

1月7日　星期四　雨後陰
職務

　　McKeel 對於余之對於亞洲水泥公司來函有關本組查
帳報告之說明，所擬之 Memorandum 認為須加補充，
乃於今日照辦，說明（1）該公司之補助財產紀錄在竹
東工廠登記之中，尚未完成，（2）函內所指四項要求核
准之長期新借款，乃最近之事，與查帳報告所指之舊案
無關，云云，其實全為辭費，亦不獲已也。

參觀

　　晚，率紹彭到國際學舍參觀師大與該學舍之土風舞團合演之各國土風舞，節目皆有所本，別開生面。

師友

　　晚，德芳在中國畫學會同班之徐一飛君來訪，係約星期日在其寓所吃飯。

1月8日　星期五　晴

職務

　　續核十二月底止之 U-306 Report 打字之油印蠟紙，計本分署部分十三件，國際經濟合作發展委員會部分三十一份，全部完成，在核閱中發現錯誤不少，有為字母遺漏不能插入，乃必須重打者，有為可以塗改，比較省事者，其錯誤有為初稿未發現者，甚矣校核之難也。

1月9日　星期六　晴

參觀

　　下午途次歷史博物館，適舉行中日書法觀摩展覽，乃入內參觀，展出日本方面作品皆不知其係何名家，除偶有篆文外，其餘仍為其傳統之草書，間有行草，墨色淡極，似乎不能用墨，又似乎一味求磅礴之氣，其實又不足以副之，中國方面則有數十家，皆為習見者，新作品則有極佳與極嫩者，樓上有碑版與明清書展，則精品極多，大快眼福。

1 月 10 日　星期日　晴
娛樂

上午到空軍新生社看大鵬劇校表演，為崔復芝與邵佩瑜合演武家坡，徐龍英與嚴蘭靜合演大登殿，均以青衣見長，一程一梅，俱足可觀。

交際

晚，德芳在繪畫研究班之同學徐飛君在信義路寓所約晚餐，在座主要客人為其教師林賢靜女士，此外為徐君之同事等。

1 月 11 日　星期一　晴曇
職務

上週為應 McKeel 之囑將亞洲水泥公司對於本分署查帳報告所提解釋之意見加以簽註，今日交其核閱，彼又有新的問題，即去年分派 1963 年紅利之支付日期與增資收到日期究為何似，此因余之查帳久在分紅前即已完成，故分紅之經過只由電話內由該公司獲得資料，而不夠詳盡，今日因該公司認為一面收入一面支出，初無損於其財務狀況，乃到該公司將其帳內所記之收支日期與金額詳細抄來，以供研究，其兩項帳務均為先記入應收應付，如應收可以作為資產，問題即當別論矣。

1 月 12 日　星期二　晴曇
職務

為去年所查 RETSER Placement Fund 之查帳報告遲遲不發出，又有過時之資料，下午到輔導會補索資

料。亞洲水泥股息與增資是否時間得以解釋為不超過，
McKeel 認為不超過，且揚言余所查之事實不符，余因
劉允中主任問及，與言詳細經過，McKeel 乃一偏之見，
並非事實不符也，此人少年氣盛，動輒文字語言侮人。

集會

　　晚，經濟座談會舉行，余參加，吳祖坪報告紙業
甚詳。

1月13日　星期三　晴
職務

　　1964年終考績劉允中主任示余，共十四項，八項為主
要，六項為次要，（1）為特出，凡主要四項，即 Technical
competence、dependability、English reading 及 cooperation，
次要三項即 personality、attendance punctuality 與 general
usefulness，（2）為滿意，凡主要四項即 quality of work、
English writing 與 initiative & judgment 及 adaptability，
次要三項即 English speaking、quantity of work 及 physical
fitness，並有總評謂係大學畢業，會計師，工作八年
技術甚好，服務能合作，且善處人（well liked by his
colleagues）等。

1月14日　星期四　晴
交際

　　昨接一項通知，係有政大同學三十六人公請吳挹峰
先生與馬星野同學，余於今午所定時間前往參加，吳先
生今年七十八歲，五個月前赴美探視兒女甫歸，尚未返

台南寓所，據云在美蒐集資料甚多，其國情優劣互見云，今午之會參加者皆為在母校曾服務，或在浙江省黨部曾服務者，因吳先生為浙江省黨部前主任委員之故。

1月15日　星期五　晴

職務

下午到退除役官兵就業輔導會，查核有關數年前中信局代該會採購物資退回款有二百三十餘萬元尚無著落案，此案依據該會經經合會轉來之清單，均已收入 Material Stock Fund 帳內，且有傳票號數，乃於今日核對，發覺在全部八筆中，有七筆證明不誤，尚有一筆雖有傳票號數，但實際只為部分的，尚有一部分則下落仍然不明，謂可能收入衛生處所主管之衛生計劃帳云。

1月16日　星期六　雨

師友

上午到安東街王慕曾兄寓所訪謁吳挹峰先生，吳氏已七十八歲，而體健不畏冬寒，只著毛背心在家燕居，余則反穿大衣，實為不如，吳氏談在美五閱月與其子女歡聚，並考察彼邦社會之一般情形甚詳，認為優點為工作認真，缺點為過分散漫，吳氏家住台南，在此盤桓數日，即行南旋，余約慕曾兄屆時通知往送云。

1月17日　星期日　晴

娛樂

午前同德芳到空軍新生社看小大鵬平劇公演，由徐

龍英演戰樊城，陳家凱、嚴蘭靜演武昭關，嚴用張君秋腔，似不甚自然，不如正宗梅派為佳也。晚，同德芳到基隆路中正堂看電影，片為德國片「我愛西施」續集，寫奧國皇后西施與皇太后不睦，與匈牙利歸附加冕之故事，甚為生動蘊藉，惜影院設備欠佳，發聲不如理想。

1月18日　星期一　晴
職務

今日從事校閱投資組所擬之致華南銀行之函稿，要求繳還小本美金開發貸款華民紙廠部分美金 90,800 移轉倫義紙廠使用之機器貸款，並提四點意見，一曰此函未引用本稽核組查帳報告所用之條文，而引用法律顧問之條文，該條文為抽象的，必須以合約外之補充規則同作根據，原稿甚當，二曰原稿指查帳為最近之事，其實已近一載，此最近二字擬刪，三曰限兩月補救，此乃合同所定，自無可議，但為免誤解，可將補救二字刪去，只限兩月繳還可也，四曰要求者為法幣而非美金，在合約內固可如此也。

1月19日　星期二　晴
職務

在美援公署八年來所剔除之最小款額亦為最惱人之查帳案，即政大以福利社名義盤剝密西根大學顧問團之房租事，原剔除一萬五千元，自經補送單據一萬元強後，剔除數已餘四千餘元，在第二次查帳報告中限期追繳，今日有政大福利社卜某來洽此事，謂代政大修房，

除單據所報外，發現未支一文報酬，意欲以此名義支銷剔除款，余告以此為社與校間事，余無意見，但在房租內支人事費，與規定不符，彼見計不酬，仍喋喋不休，甚謂余查帳太過，余立加糾正，且盛氣難抑，事後思之，深悔涵養太淺。

1 月 20 日　星期三　晴
職務

去年所查 DLF-Small Industry Loan 查帳報告半年前發出後，因所追繳四筆貸款，貸款組不肯照追，經妥協結果，已縮為華南銀行所貸華民紙廠一筆，該組辦出追繳文送本處會稿，因其合約根據為第 6.02 條，就文字言之，大致不誤，故在簽註時只作文字修改，今日經李慶墦副主任主張應在合法內從嚴，故將寫好文字再加修正，主張追繳美金，其數應為貸款金額，不限於目前結欠殘額云。

1 月 21 日　星期四　晴
職務

今日起依照本月工作 schedule 開始查核 Pilot School Lunch Program，首先由主辦 PL480 物資之 McKeel 說明初步工作重點為先研究 Manual Order 與有關文卷，俟相當了解後再擬 Audit Plan，當即於今日起先看本組所存 480 Title II 卷及有關之 Manual Order。
參觀

下午同黃鼎丞君參觀林絲緞模特兒影展，由各名攝

影家集體出品百餘幅，頗多匠心，由藝術觀點言，甚難得也。

1月22日　星期五　晴
職務

看有關 School Lunch Program 之 Manual Order，已看完大部分。李慶墥君告余 Martindale 複閱經會校訖之 RETSER Placement 蠟紙打清報告稿，發現有重複打入之字句，余之校對，本有自信，而今有此結果，莫非頭腦之效用果因年長而退化歟？數月來除此一事外，尚有所查密西根大學教授名單內漏列一個教授之回國日期，經其發覺改正，又有亞洲水泥公司之支付股息與收回股款日期之報告內所列甚簡，再次始洞明底蘊，亦經洋員認為不滿，此等事在余十分仔細中仍難免漏洞，不知應如何避免也。

1月23日　星期六　晴
祭掃

昨曾到姑丈家與表妹約定今晨由車站出發，到新店安坑為姑母逝世週年謁墓祭掃，至時同往，各備鮮花，表妹並備酒果之屬，略事察看墓塚即返，墓旁空地現為荒草所漫，咸以為應栽植花卉樹木云。

交際

晚到三軍軍官俱樂部參加尹樹生兄次女之結婚典禮，次女名魯，其新郎為一工程人員云。

1 月 24 日　星期日　陰
閱讀

讀哈佛叢書 R. W. Campbell 作 *Accounting in Soviet Planning and Management*，此書為別開生面之作，余自在校時曾略讀蘇聯有關書刊外，三十年未涉此類文獻，故特富興趣，書內分析其新舊制度，成本控制，存貨控制，皆有異於傳統之會計，但問題亦多，其制度之特點在以會計控制生產計劃、流動資金等，資產負債表兩方各以固定設備與資本金列首，先獲差額，名為自有流動金，即其一端也。

1 月 25 日　星期一　晴
職務

續閱有關 School Lunch Program 之 Manual Order，尚未終結，此部分 Manual Order 乃年來新頒，余多未寓目，然由今之研閱，對於美援現在之輪廓亦多一了解，現在美援分為三大部分，曰：(1) Program Assistance，包括 PA 進口、PL480 農產品等，(2) Capital Assistance，指 DLF、AID Loan 等，(3) Technical Assistance，為技術性的。以上 (1) 相當於以前之 Non-project aid，(3) 為已有，(2) 則為以前所罕見，至於以前之 Project Type Aid 則現在亦罕見矣，此可見年來美援趨勢之不同也。

1 月 26 日　星期二　晴
職務

因部分相對基金在台灣銀行無息，而準備移轉至即

將開業之花旗銀行，花旗銀行所擬負擔之利息又甚低
微，乃往調查現在一般銀行存放息情形，主要為與中央
行佟志伸兄晤談，並由該行贈月報一本，情形已略有
明瞭。

娛樂

晚，率紹寧、紹因到兒童戲院看 The Adventure of
Tom Sawyer，本馬克吐溫原作，為一極感人之兒童故
事，演技亦佳。

1 月 27 日　星期三　陰

職務

繼續作 Pilot School Lunch Program 查帳準備工作，閱
讀 Manual Order，因散見各處，故頗費時，今日所看為
一項單行之完全關於 Public Law 480 Title III 之規定，而
現在所將查之台灣 School Lunch Program 為 Title II 之物
資，在 Title II 之 Manual Order 又無專設之查帳條款，
自然不妨準用 Title III 之相似規定，在研閱時為便於記
憶，並將要點寫入 working paper。

1 月 28 日　星期四　晴

職務

續閱 Pilot School Lunch Program 之有關文卷，除本
組所存外，並向 Food Program Division 調閱其文卷，一面
查閱，一面將要點摘抄。每一查帳報告發出後，須有一
項六十天之 U-306A 報告送華盛頓，今日核閱孫君所擬
之余所作 Asia Cement Corporation 之查帳報告之 U-306A

報告，大體均妥，只有一項關於保險不足之說明，並未
將該公司說明不足之處加以詳論，余乃加以補充，謂該
公司之說法與事實有距離，蓋保險整個不足，並非為該
公司所云僅有索道與開石設備已也。

1 月 29 日　星期五　晴
職務

　　Pilot School Lunch Program 之 Manual Order 本組所存
文卷已經閱完，今日起向 Program Office 調閱文卷，因
該組為業務主管，所藏資料較為完整也，今日所閱仍為
該計劃之籌劃階段有關資料。

師友

　　潘堅君所作「世界各國政府與人民應如何反共」一
書，售進出口公會五百本，曾託余轉託吳先培兄幫忙，
今日來贈食品，固辭不獲。

瑣記

　　同事梁乃予君寫碑甚勤，曾託寫小條幅一幅，為臨
三公山碑，為酬謝起見，購贈可可粉二瓶。

1 月 30 日　星期六　晴
體質

　　下午，到聯合門診由楊人告醫師看鼻疾，蓋一月
來左鼻仍然時刻排出粘液，日凡十至二十次，雖色不甚
黃，然其感覺與去年開刀前相似，楊醫師云為過敏性，
詢以何以如此難治，彼亦不能俱言其詳，只開 Allercur
藥片與點鼻水各一。

娛樂

晚，同德芳到遠東看電影，為義西文藝片「不如歸」，童星瑪莉莎主演，女星瑪莉馬亞合演，人情味極重，佳片也。

1月31日　星期日　晴

閱讀

略讀溥心畬作「華林雲葉」作者手寫本，分記事、記詁、記詩、記遊、記書畫、記金石、記草木、記鳥獸蟲魚、記藻等篇，文字謹嚴風趣，書法尤精，余最欣賞所記唐寅題畫詩云：「山高鳥不巢，水清龍不住，至察則無徒，故寫模糊樹。」用意甚深。此書為余購贈朱興良兄者，已於昨日寄出至台中。

2月1日　星期一　晴

職務

今日為舊曆除夕，照常辦公，但下午提前下班半小時。今日工作為繼續閱覽 School Lunch Program 文卷。

瑣記

舊曆年除對姑丈、表妹外，無他餽贈，對姑丈、表妹送自製年糕與水果鹹鴨及德芳自作畫。原都民小姐夫婦日昨來訪，曾面贈糖果一盒。今晚年飯除諸兒女外，並請紹彭之家庭教師彭君吃飯。今日為紹彭生日，買蛋糕一只為慶。

2月2日　星期二　陰

交際

今日為舊曆元旦，上午拜年所到各處為楊紹億、王文甲、周天固、黃德馨、廖國庥、邵光裕、張中寧、王一臨、曾明耀、吳先培、隋玠夫、李公藩、佟志伸、田子敏、徐嘉禾、冷剛鋒、趙榮瑞、余井塘、樓復、王德垕、成雲璈、姚冠午、林石濤，下午所到為樓有鍾、曹璞山、蘇景泉等。來拜年者有王德垕、徐嘉禾、王一臨、吳先培、冷剛鋒、隋玠夫、佟志伸、丁暄曾、李公藩、于政長、張彪、張焱、邵光裕、喬修梁、廖國庥、楊紹億、徐飛、周靖波、成雲璈、黃德馨、李德修、金鏡人、張中寧。參加同鄉會團拜。答拜丁暄曾。

2月3日　星期三　陰
交際

上午同德芳到中和姑丈家拜年，又到板橋童世芬家、新店崔唯吾先生家、中和宋志先兄家拜年。到大坪新村劉振東先生家拜年。今日來拜年者有逄化文、樓復、李德民、曾明耀、趙榮瑞、周叔明、童世芬夫婦、馬麗珊夫婦、蔡子韶夫人等。答拜李德修君、逄化文兄。兩天假期已滿，尚有未答拜者，將由德芳前往，計有徐飛、喬修梁、蔡子韶夫人等。

2月4日　星期四　晴
職務

兩天放假後今日恢復辦公，繼續研閱 School Lunch Program 之 Food Program Branch 所存文卷，而集中注意力於教育廳所發之公文與所訂定之辦法，經過逐漸比較，已覺有若干事項前後不甚一致，尤其對於應向學童收取午餐副食費與運雜費之來源取自出售容器之代價等項規定，深為晦塞難明，甚且感其有故意作模稜兩可之規定，有逃避該廳預算應盡責任之嫌云。

2月5日　星期五　晴
職務

核閱主管組所送，經合會轉密西根大學顧問組所送對於政治大學表示對於本分署所剔除之四千餘元房租款無意照繳之函件，該款乃余所剔除，為八年來剔除最少之款而最糾纏之案，閱後依據當年之 Counterpart

Fund Agreement 的條款與 SOP 條款逐一開列，證明該校不能因此項表示而解除責任，按該項 Agreement 雖甚嚴格，向來備而不用，發生用處亦只此一案耳。署長 H. L. Parsons 今日離職，與同仁逐一握別。

2月6日　星期六　雨

交際

中午，黨校在台北同學舉行聚餐於勞工保險局，並請在台北師長參加，計共三席，參加師長有谷正綱、羅家倫、王世杰及劉英士諸先生，席間只有閒談，無致詞者，甚為輕鬆。

體質

左鼻之分泌物仍然未止，每日十至二十次，入夜輒見好，嗅覺已恢復，飲食無礙，但室內所養蘭花已開花六、七朵，云已生香，而余則未聞，可見鼻腔之機能尚有部分未恢復也。

2月7日　星期日　晴

師友

下午，王慕堂兄夫婦來訪，閒談並及今日之大陸情況，若干昔所不了解者，亦因而有所了解，例如數年前一敗塗地之土法煉鋼，表面似為無知透頂，其實乃集中鋼鐵之手段，如此可以鉅細無遺，猶如秦始皇之鑄十二金人也，又如大陸之軍事工業，本不甚前進，但因其悉索敝賦，不顧蒼生，以千萬人之物資與勞力，完全用於工業，尚能無相當成就乎？

2月8日　星期一　晴
職務

　　繼續閱覽有關 Pilot School Lunch Program 之有關文卷，今日乃查閱華盛頓總署所簽發之 Transfer Authorization，計共八件，每種物資一件，其運費一件，計有小麥、長壽麥、脫脂奶粉及植物沙拉油等，皆分六期於二年內運來，供二十萬小學生之午餐。草擬 Pilot School Lunch Program 之 Audit Plan，依業務之處理程序，計分八大段，每大段列舉三、四小節不等，由看卷，核對進口資料，分配運輸，學校使用，以至其他有關事項，皆予列舉，只有時間未詳，因二百六十校尚不能預定抽查若干也。

2月9日　星期二　晴
職務

　　去年九月所查之大華實業公司帳目查帳報告提出後，查至現在本組組長 Martindale 始行核閱，而依照新近所頒之查帳準則，又須對其財務報告有所分析，當時余之草案雖有分析資料，因劉允中主任認為該款有合作金庫擔保，償還能力如何不必加以注意，乃予以刪去，現 Martindale 又須加入，而當時只有八月底數字，彼要求加採去年底數字，余以電話詢大華，謂決算表須二月底始可製成，彼乃大為不滿，謂 no excuse，一若余有何責任者然，經趕往該公司洽妥於下星期一趕繳，始暫告無事。

2月10日　星期三　晴
職務

繼續閱 Pilot School Lunch Program 之文卷,今日閱此一計劃之形成經過,由教會試辦一百所國校至今日試辦二百六十七校,以及將來目標為二千校,學生由二十萬人增至二百萬人之遠景。

交際

明日為宋志先兄六十壽,在本分署 snack bar 定十二吋蛋糕一隻,並由德芳買壽字鋼製煙灰缸一隻,由紹彭送往,至則知已赴日月潭旅行,由其岳母代收。

2月11日　星期四　晴
職務

同靳綿曾君到和平東路惠康食品店查出售脫脂奶粉,緣美籍稽核 McKeel 接報告,謂該店出售救濟物資,違反規定,乃決定往查,至則見有脫脂奶粉九包、植物油脂五罐、麵粉四包,因為數不多,靳君依 McKeel 之電話答復,不予處理,只由該號具結了事。續閱 Pilot School Lunch 文卷,核對美援會所編第二批物資分配表,予以摘錄,並改正其錯誤。

2月12日　星期五　晴
職務

自稽核組與財務分析組合併,由 Martindale 擔任組長以來,因範圍較大,若干查帳報告係交半年前方由越南調來之美籍稽核 McKeel 審核,此人方三十餘,已有

CPA 資格，少年氣盛，對於報告文字常常表示不滿，今日因與劉允中主任討論一同仁所作報告，而發表意見，謂寫作時務應確實不厭求詳的修改與推敲，直至妥善為止，又對於華盛頓發表之寫作報告注意事項立加熟讀，逐日半小時云。

娛樂

　　晚，率紹彭到愛國戲院看電影，為愛洛弗林與奧立微哈弗蘭所演 Adventures of Robin Hood，俠盜羅賓漢，尚佳。

2月13日　星期六　晴

集會

　　上午，到國民大會大表聯誼會參加前日逝世之王汝幹代表治喪籌備會，到者皆山東民意代表，約五、六十人，歷時一小時散會。第二十一期革命實踐研究院同學聯絡人通知下星期中午聚餐，余因其時不能脫身，回信表示不參加。

娛樂

　　下午率紹寧、紹因、紹彭到國民大會看電影，片名意中人，仙杜拉蒂主演，為一玩笑戲，只供娛樂，彩色甚佳。

2月14日　星期日　晴

集會

　　上午，到國民大會黨部出席小組會議，改選組長，由現任組長趙雪峯主持，趙君事先表示希望連任，故以

十一票當選連任組長（共十七票）。

參觀

　　到婦聯會參觀七友畫展，實只鄭曼青、馬壽華、劉延濤、高逸鴻、張穀年五人，附有已故之陶芸樓、陳方二人遺作，此次作品有張之阿里山大幅，極特出，但論品高則鄭曼青而已，所作荷花（碧葉滿湖猶帶露，一花昂首獨朝陽）尤佳。

2 月 15 日　星期一　晴
職務

　　重擬 Pilot School Lunch Program 之 Audit Program，緣數日前曾擬一件，只列舉項目，因當時之一同工作者 Albert Li 認為只須如此，現在又因其工作期間必須列明，故又重作，按日期為之，除自元月 20 日至上星期五為看卷時間外，以下將共以七個星期工作，二星期在美援會，二星期在教育廳，三星期到各校云。劉允中主任宣布謂以前 Martindale 所個別通知之任滿日期取消，今後將在一個月至半年前通知解任，並儘可能在半年前，此次六月底為一孫君。

集會

　　晚參加經濟座談會，由新任經濟部次長楊家麟報告。

2 月 16 日　星期二　晴
職務

　　開始到經合會查核 Pilot School Lunch Program 該會所辦之物資進口與分配情形，首先對於該會所送報表

指出不符之數，經主辦人認為有錯漏之處，經囑該會
重製，明日交來。余為初次到該會第三處查帳。主管
Martindale 又在審閱半年前余所作之 POL Supplies 查帳
報告，此已為第二次，真不憚煩也。

2月17日　星期三　晴

職務

　　續到經合會查 Pilot School Lunch Program 之各項食
品進口資料，四種之中只查完一種，因有他事即返。去
年所作之 POL Supplies 查帳報告因 Martindale 再度審
閱，又引起若干瑣碎問題，透過劉允中主任向余詢問，
只好就記憶所及予以說明，幸未糾纏不休，然有若干極
簡明之問題，亦多費唇舌，殊不可解。

慶弔

　　同鄉國大代表王汝幹君逝世，上午往弔祭於殯儀館。

2月18日　星期四　晴曇

職務

　　繼續校核經合會所送之 Pilot School Lunch Program
之報表，余今日以其所送物資狀況表與分配交運表相核
對，發現此項物資表之結存量與其交運後應有之存放情
況地點不相一致，尚待進一步尋出其原因。Martindale
核 POL Supplies 報告之草稿，此已為第二次，以劉允
中主任為對象，不厭求詳，必逐項找出其底細而後已，
下午劉君請假，彼乃直接以余為對象，所幸各問題於答
復後均能立即釋然，不再窮追，其實此中問題亦有十分

複雜者，為免其過分囉唆，常以避重就輕方式為之，彼不覺察也。

2 月 19 日　星期五　晴

職務

　　續查 Pilot School Lunch Program，在經合會將其借入物資與返還以及進口物資之記錄與其報表列數核對清楚，並改正錯誤。下午，總務長 McMahon 與人事組長 Cook 約余及本組中外主管 Martindale 與 Jack Liu 談話，McMahon 發言詢余有無 Outside employment，余答無，彼云調查余為國大代表與光復會委員，待遇若干，余知其已有調查資料，即告以月支二千及二百，但非薪俸，亦非公務人員，以前所以不填入人事資料，亦即自比為美國之 Electoral College 人員，並非官吏，故不填入，余對於解釋之不同，甚為抱歉，彼即謂此二者為 Conflict of interest，不可得兼，須二者擇一，辭去另一，余請准考慮數日，彼允於下星期四前答復，如辭本署職，因係特別情形，可請署准發遣散費，至於採取另一途徑時，解聘之自由仍在本署，依計劃而定，至此 Martindale 云，原定計劃余不在十二月底停職以前，望加參考，此事談甚久，余已儘量說明，但彼已有步驟，此不過形式而已。

師友

　　晚，蘇景泉兄來訪，贈所作年譜修正本，蘇君一生未顯，雖不無觖望，然寫作自娛，與世無爭，自顧猶弗及也。

2月20日　星期六　晴曇偶雨
誌感

自昨日之問題發生後，不免胸中發悶，蓋余向對銀錢出入，不稍苟且，揆洋人論調，似不無缺點，疇昔所為，合吾國之法而不合彼國之法，令人難免迷惘，久久不能釋然於懷也，至於得失之間，反不甚介意，蓋退一步言，此事若發生於數年前，對余之困難更十倍於今日也，復何憾之有乎？

2月21日　星期日　晴
游覽

晨起與德芳同往陽明山作春遊，因客擠乘車不易，故於七時出發，十一時歸來，交通毫無困難，現在後山公園雨後一片清新，滿山杜鵑怒放，櫻花梅花亦復初放，桂花亦夾雜其中，芬芳獨擅，為不速之客，余等由中正公園徒步經陽明公園至陽明瀑下，然後折返，去時山中寂靜，鳥語唱和，歸時則人聲嘈雜，而車輛雜沓矣。

2月22日　星期一　晴曇
閱讀

今日為華盛頓生日，放假閒讀，讀聯合國 Special Fund Managing Director P. G. Hoffman 作 *World without Want*，全書主旨在寫明世界一家，經濟落後國家必須得助發展，警句有云："Morally, we cannot escape concern; politically, the seething unrest demands it; economically, we will gain from it." 乃白人之有真知者，余由此書又得知一久不能解之

名詞 "Infrastructure"，乃指投資之較銀行正常投資活動而帶有扶助意味如 IDA 放款之類，最初此辭用於馬歇爾計劃。

2月23日　星期二　陰
交際
下午同德芳到國賓飯店參加李瑪沙厘與徐飛飛之結婚典禮，新郎為印度籍，新娘為德芳繪畫班同學之女，皆新聞人物。
閱讀
讀 *Economic Development: Past and Present*，R. T. Gill 作，乃 Foundations of Modern Economics Series 之一種，頁數不多，係將經濟學分成九冊作為教材，就此冊言，乃以工業革命，美國發展與落後地區之覺醒為題材，將問題逐一提出，但答案甚少，末章論印度與中國大陸經濟發展之異同，至為扼要，惜亦只粗枝大葉，尤其大陸資料缺乏，不過抽象說明一番，未如預期之可喜見解也。

2月24日　星期三　陰雨
職務
上午，余告劉允中主任謂上星期五所談之事，經分頭洽詢結果，國大秘書處可以據余申請停止待遇，至於辭職一節在大陸地方政府不能恢復以前，係由內政部主管，但只在六年一次接受申請併公告候補，故此刻不能得到答復，須待至一年後召集大會前處理云，移時會同向本組長 Martindale 說明，彼立即轉告總務

長 McMahon，歸謂須向雙方取得證件，而內政部方面
只須表示接到余之公文即可，余表示困難，但願盡力為
之，Martindale 又云，余至年底即須解聘，以後因彼亦
離去，將不知如何，此點對所費代價有關，望予注意
云。劉允中主任云，美軍顧問團亟需查帳人員，今晨
Martindale 亦提及余最為適選，但既為美國政府機構，
問題殆屬相同，該團任用期諒尚有二、三年，余如將此
間要求條件做到，再計劃到該團服務，庶此時所費代價
不為不高云，劉君謂 Martindale 對余之處境甚表同情，
但人事問題非彼之職掌，故態度慎重云。

2 月 25 日　星期四　陰雨

職務

　　續到經合會查核 Pilot School Lunch Program 之物資
處理方式，今日為核其續到一批長壽麥與續借麵粉交
廠加工情形，並核其加工招標合約與運輸公司合約訂
立經過。

娛樂

　　晚，同德芳到藝術館看明駝劇團演劇，毛復靜演盜
仙草，曹曾禧演洪羊洞，秦慧芬、徐蓮芝演棋盤山，秦
為青衣，對此劇似非所長，蓋唱少做多，說白亦重，秦
之唱工難以發揮也。

2 月 26 日　星期五　陰雨

師友

　　上午，晤內政部民政司高應篤司長，談余在美援公

署發生之新問題，彼意國大代表本不能向行政官署辭
職，應向選民辭職，過去數次均為個人間授受，內政部
為之完成手續而已，且余為列席代表，無任何職權，
何辭職之有，況余在 AID 只到年底即須解聘，開會乃
明年事，削長就短，應無此理，故辭職不妥，余乃謂
如用短期停止職權辦法，在 AID 辦公期間有效如何？
高兄謂此法較好，且與海外代表停支待遇之先例亦相
近，手續上據余申請而轉函國大秘書處與光復大陸委員
會，高兄續請示後決可否，余歸告劉允中主任並經轉達
Martindale，而人事主管又問 Martindale，云曾非正式
談過，似不甚以為然云。

2 月 27 日　星期六　陰雨
師友
　　上午到中正路訪王景民馬麗珊夫婦，門上加鎖，且
似無人看守，當係在石門水庫尚未移來。
體質
　　鼻疾一週來似大見好轉，終日無流涕現象，但喉頭
有黃色分泌物，日須數次咳出，但已不若上次之甚，僅
說話發音尚在沙啞狀態，現在完全未用藥石。

2 月 28 日　星期日　陰雨
集會
　　上午到鐵路局出席租稅研究會會員大會，演說者有
財政部長陳慶瑜與經濟部長李國鼎，余因事未終而退。

師友

　　下午，佟志伸兄來訪，閒談，佟兄關心余之鼻疾復原情形與在美援公署何時解聘等問題。晚，同德芳到永康街訪王慕堂兄夫婦，王兄移時始歸，先由其夫人與德芳談家常甚詳。

3月1日　星期一　晴
職務

　　Martindale review 余之 Cooley Loan to Dah Hua Factory 查帳報告，發生折舊額減少問題，經余再加底稿核閱，並電話問該公司，知係在改組公司時將原有折舊與資產帳對沖，然後重新開始折舊之故，其實此點在查帳時已完全明白，只因事隔數月，淡忘之故，不得不重費時間，現在事往往如此。

3月2日　星期二　晴
職務

　　去秋所查 Cooley Loan 之大華實業廠查帳報告連日由 Martindale 核閱中，此人性情急躁，昨日預定完事，但臨時又有數點問題須問該公司而由余去電話查詢，始終未能尋到其主管之陳君，Martindale 因其預期進度不能達成，今晨決定前往親自洽詢，余恐其空跑一趟，該公司人員不在，又多一種紛擾，乃設法以電話通知其董事長王君，務於上午在公司等候，於是於九時半前往，其所問者一一得到答復，始滿意而返，其實只緣其昨日下午發問太晚，上午曾通電話，未曾有誤也。
集會

　　晚，到經濟部開經濟座談會，由經濟部司長朱君報告台灣水利與經濟發展，材料甚為豐富。

3月3日　星期三　晴
職務

因等候本組組長 Martindale 與人事主管之通知討論余之去留問題，致須到經合會進一步從事之調查工作不能繼續辦理，只有將過去已經得到之 Pilot School Lunch Program 資料加以複閱，並查核經合會已經查過一次之查帳報告，發現所載第一期發出物資，與正式報表不同，適報告人卓景輝君來，詢以何以有此區別，亦毫不知所對，可見查帳一事，看似容易，而推敲後則竟知其甚難也。

3月4日　星期四　雨
閱讀

天寒略有感冒，請假休息，讀范錡著「人生歷程」，作者寫其一生讀書與做事生活，多極瑣碎，但因頗有幽默感，故尚不枯燥，最精彩部分尚為抗戰以後；至詩雖多而不精。

師友

下午，隋玠夫兄來訪，送來合作經濟資料，託為其所編月刊由英文譯為中文。

3月5日　星期五　雨
職務

今日續請病假一天，但劉允中主任因余所寫報告兩件已由 Martindale 最後核過，其中一件即 POL Supplies 且已由 Controller Nemecek 核過，囑加入少許資料，須

由余為之，此人性急，希望兩件報告彼均可於今日脫手，乃囑劉兄到余寓所商量如何改變行文，劉君來後即逐一商談，其中 POL 一報告因涉及軍中除本計劃所供油料且另由美軍供給之種類一點，此本為最初所寫入，Martindale 認為與本題無關而刪去，現在又予以恢復，可見查帳報告乃見仁見智之事，固不必妄費推敲也。

3月6日　星期六　雨
閱讀

讀 A. A. Jordan 著 *Foreign Aid and the Defense of Southeast Asia*，計二百餘頁，此書為作者參加艾森豪總統所設 Draper 委員會檢討援外後，依據所聞與實地調查所得資料寫成，對於援外在東南亞七國即柬埔寨、寮國、巴基斯坦、泰國、越南、菲律賓及台灣之種種實況與異同比較，乃至過程中之種種變遷與利弊得失、成效大小均有詳明分析，極切實際。

3月7日　星期日　陰
體質

自上週四患感冒請假在寓休息，連昨、今兩日假期迄已四天，情況無何進步，此次受影響最大者為右鼻，此鼻本為完好，自去年醫誤一併開刀後，變為十分敏感，四天來幾完全不通，且流黃涕，每日點藥三次，得暫時通氣，但只治標，移時如故，左鼻始終尚通，前數日尚有味覺，今日則同無味覺，又頭感微痛，幸看書尚不覺頭暈吃力耳。

3月8日　星期一　陰
職務

　　Pilot School Lunch Program 係由余與李慶增君一同處理，照所擬查帳程序，本週應到台中教育廳查帳，但因上週李君與余均有兩天病假，而余之任用波折問題至今仍懸而未決，不便出差，故難即出發，今日工作為在辦公室整理已得之資料，俾使將來接辦或本身查核 working paper 時得以一索即得，其中重要者為將有關 PL480 物資進口支配與進口前借用及歸還之瑣碎資料製成一張總表，名曰 Statement Showing Commodity Arrival, Distribution, Borrowing, Returning and Balance on Hand.

3月9日　星期二　陰
職務

　　上午九時半按約定時間會同本組組長 Martindale 與劉允中主任到人事組組長 Cook 辦公室談話，渠先囑余相告余之職務立場與中國政府對國大代表職務解決手續，余即簡單報告，謂辭職非待至明年大會前內政部不受理，但該部可依余之請，通知國民大會在余在本分署任職期間停止一切權利，Cook 不認為此法可以解除 conflict of interest 之問題，並以個人資格主張余最好接受解聘，余表示甚願接受，但請以個人資格助余另謀，彼即囑 Martindale 準備如何擬議解聘，原則上為本月底通知解聘，支薪至四月底，以符合一個月前通知之原則。

3 月 10 日　星期三　陰
慶弔

陳副總統誠病逝，今日為各界公祭之日，國民大會代表排定為今晨九時，八時半由中山堂集體前往市立殯儀館公祭，因人多行動遲緩，似未甚準時，行禮時同時舉行光復大陸設計研究委員會公祭與憲政研討委員會公祭，共計三次。昨日下午美援公署曾開車一部供中美人士往殯儀館自由致祭，計有二十餘人前往，余亦參加。余因感冒未完全痊愈，昨晚且流鼻血，今日請假一天。

3 月 11 日　星期四　晴曇
職務

繼續到經合會查核 Pilot School Lunch Program 之物資分配情形，今日工作為核對各學校收到食品所簽回之收據，因該會對此項收據保有一項紀錄，原據順號排列，故核對極易，但問題在收據送到甚為遲緩，去年八月第一批物資之收據至今尚有未到者，而十二月間之第二批則收據寄回者只及其半，據云係因該承辦之轉運公司由於輾轉托運多所周折所致云。

3 月 12 日　星期五　晴
職務

全日在經合會會計室查核 Pilot School Lunch Program 內運費收支帳，此項運費係進口後所用，計劃係以小麥麩皮與各項物品包裝出售代價挹注，不足之數由教育廳亦即由學生所繳之費用支付，至目前止該會所收之款只

有小麥收入與小部分教育廳撥款，支出方面則只有運費，計劃中尚有人事費，但未開支，今日所核之帳為由大體上求其了解而已，至於運費單據皆由運輸公司送來，其中經緯萬端，尚只就其計算方法加以了解，具體抽查尚待進一步為之。

3月13日　星期六　晴
慶弔
黨校同學張福濱兄之封翁今日九十大慶，上午到杭州南路其寓所拜壽，並持贈銅製百壽屏一幅。
師友
高注東兄來訪，渠方知余去年鼻疾開刀事，特來探望，談及金剛靜坐法，認余所行者不夠澈底。
娛樂
晚同德芳率紹寧到愛國看電影，珍娜露露布列治戴演「美人局」（Woman of Straw），為偵探片，尚佳。

3月14日　星期日　晴
游覽
晨起赴陽明山為今春之第二次旅行，出發時滿天煙霧，上山即晴朗透明，為之一爽，到中正公園後漫步至後山，抵陽明瀑，又好漢坡為多次未能攀登者，今日見有人上升，隨而前往，未幾即達其巔，其頂建有一方形小室，惜隔斷不能入內焉，稍事盤桓，即行折回，其時已汽車成隊，肩摩踵接矣，花季已形闌珊，只有杜鵑尚怒放也。

3 月 15 日　星期一　晴晚雨
職務

　　上午，續到經合會核 Pilot School Lunch Program 之運費收支帳目，一方面對其來源之小麥加工麩皮變價收入招標手續加以探求，一分面對於支用時之運輸公司計算文件加以核對，大致已告一段落。Martindale 介紹余往訪美國製酒化學公司遠東經理張君，余到公司時，門尚未啟，但張君踵至，謂即須赴高雄，乃約定星期六再晤，觀其表現，似有所需要，報載該公司獲准在台設廠製塑膠原料聚乙烯（Polyethylene）云。

3 月 16 日　星期二　晴
職務

　　整理在經合會所得之 Pilot School Lunch Program 之資料，由其有關麵粉加工與借入農復會之小麥等曲折經過，依李慶塏副主任意，另行編製一表，以備參考。
集會

　　晚，參加經濟座談會，由石油公司董世芬協理報告石油化學工業之展望，極為簡單扼要，目前原料為天然氣、輕油與芳香族，將三方竝進云。

3 月 17 日　星期三　晴
旅行

　　上午九時由台北出發，乘觀光號火車南下，同行者李慶塏君，十二時到台中，住白雪旅社。

職務

　　下午與李君到霧峰省政府教育廳衛生教育委員會開始查核 School Lunch Program，其總幹事沈震赴台北未歸，由張左舟君接待，今日工作為其業務之一般了解。

娛樂

　　晚，看電影「馬戲世界」（The Circus World），約翰維恩、麗泰海華絲主演，幾場空中飛人極難得。

3月18日　星期四

職務

　　續到霧峰教育廳查核 School Lunch Program，今日只余一人工作，由該計劃之實施的各種角度如學校之確定標準，容器之出售方式，學生負擔之副食費，教廳人員之視察等等分別求其了解，發掘其中之問題。

參觀

　　午到故宮博物院參觀，本期精品有唐人書出師表冊頁，似李北海書，有疑為趙臨者，元人草書「敖不可長，欲不可縱，志不可滿，樂不可極」，倪雲林墨竹，明丁雲鵬十八羅漢卷，宋刻文選，文天祥、米芾、趙孟頫用硯等。

3月19日　星期五　晴

職務

　　全日在教育廳查帳，一方面訪主計室查詢有關學童午餐計劃之經費收支，一方面在衛教會看其所存各縣市督學之視察該計劃的報告。

旅行

下午七時半由台中乘觀光號火車北返，同行者李慶塏君，於十時二十分到台北。

3 月 20 日　星期六　晴
職務

上午十時，依約到 National Distiller & Chemical Corp. 與張植鑑經裡談話，彼述其此間人事需要甚詳，連同其聘請宋作楠會計師亦經談及，並略言籌辦設廠計劃，對余過去經歷與希望亦問及，此人態度甚平易友善，余印象甚佳，當約定於後日送來人事資料，供渠星期三回紐約陳商選用。

游覽

下午同德芳到士林看蘭花，並買回玫瑰、海棠等。

交際

晚，同德芳到中國之友社參加畢圃仙公子婚禮。

3 月 21 日　星期日　晴
謀事

上午，依照八年前送安全分署之 Application 資料擇其重要者寫成 Personal Data Sheet 一件，並備函一件，述對於日昨之談話極感愉快，各件擬就後即囑紹中打字簽好，備交美國國民製酒化學公司此間聯絡處。

娛樂

晚，偕紹彭到公賣局看各自由職業團體聯合舉辦之晚會，除一般歌唱節目外，有丹麥小姐二人之舞蹈，柔

美之極，有日本兒童小提琴表演，亦極精彩。

3月22日　星期一　晴
職務

　　所查 Pilot School Lunch Program 自經合會與教育廳已查完後，只餘抽查國民學校，因余只辦公至月底，故此工作由李慶塏君一人接辦，余於今日將在經合會與教育廳所得資料之與國民學校發生對照作用者開出要點，交李君持往核對。

家事

　　傍晚到姑丈家，取代存人造纖維公司款利息及預扣所得稅之抵繳憑單，以備附報去年所得稅，知姑丈月前患胃潰瘍，現在服藥已袪其半，並全身檢查無其他疾病。

3月23日　星期二　晴
職務

　　整理 Pilot School Program 之 working papers，以便提供要點於李慶塏君寫作報告。

師友

　　上午請假半天分訪張景文與趙葆全二兄，為前日致 National Distillers and Chemical Corp. 之申請工作信曾以此二人及 Martindale 為 reference，特往徵求同意，二人均極願擔任，此為預料中事，故雖當時不及徵求，亦不認為有何問題也。

3 月 24 日　星期三　晴

職務

開始就一月來所得之 School Lunch Program 資料寫 Findings 備交李君融入其查帳報告，今日完成經合會部分之半。劉允中主任語余，謂 Martindale 詢余謀新職有無成就，余告以 National Distillers & Chemical 方面似甚有望，如多方進行，設同樣有成，反增難題，擬俟此公司有答復時再謀其他，劉君亦以為然。

3 月 25 日　星期四　晴

職務

續寫 Pilot School Lunch Program 之 Findings，經合會部分共五項已完成，接寫教育廳部分，已成其三項，在寫作中發現在教育廳時該廳所示之食物消耗月報表當時因無多餘之表，且謂已有填好者送本分署業務部分，經向業務部分調閱，以明消耗實況而與分配數量相比較，竟發現業務部分亦未接其送來此表，深覺詫異，如非該廳隨便搪塞，即為業務部分文卷不全，二者必居其一也。

3 月 26 日　星期五　晴陣雨

家事

瑤弟電話，姪女紹曼病住兒童醫院，與德芳前往照料。

職務

寫完學童午餐計劃查帳報告之初步資料，共黃紙

十四頁，此為余在 AID 之最後查帳報告，但將另由李
君加入彼之資料整理完成，不以本來面目出現。POL
Supplies 報告亦印出，余在本分署別無滯壓未發之查帳
報告矣，前後八年約計百零二件云。

娛樂

晚，同德芳到介壽堂看徐露、鈕方雨演紅梅閣，
孫元坡助演，唱做身段均有表現，布景數重，亦別開
生面。

3 月 27 日　星期六　晴

閱讀

讀「杜月笙先生紀念集」凡二集，為杜氏門人恆社
人員所纂集，初集為社會人士所作，而其中最有分量之
文章，無過於胡敘五作「追思月公往事」與陳定山作
「迎月笙先生靈櫬歸葬國土」，前者以內容勝，後者以
辭藻勝，第二集則篇幅較多，以該社人員之作品為主，
而加入報章雜誌之紀念文與輓聯輓詞等等，則不異一般
之榮哀錄也，但兩冊之共同點為率能將杜氏之性格與作
為，為適切之描寫，既不同於公卿巨賈，亦非古昔游俠
貨殖，其為人能出身市井，而為社會支柱，此其所以不
同凡響也。

3 月 28 日　星期日　陣雨

集會

上午，到一女中大禮堂出席中國地方自治學會廿週
年紀念典禮及第五次會員大會，今日並將舉行選舉，

余於繳會費後即行早退，蓋其會議內容具載於分發之月刊也。

娛樂

上午，到介壽堂看小大鵬平劇公演，為全本穆柯寨，由王鳳娟主演，由焦孟盜木起，至楊延昭被穆桂英打落馬下止，角色配搭均甚好。

3 月 29 日　星期一　晴陣雨

參觀

下午同德芳到華南銀行看蘭花展覽，此次展出係以縣市單位分區，並將獲優勝獎者加以特別陳列，以期醒目，而總優勝為彰化縣出品之一盆蝴蝶蘭，繁花大如拳頭，作雪青色，確極為突出，此外所展有小盆中國蘭數種，標價在 9 元左右，不識其名貴所在，會場又演美製藝蘭電影半小時，亦佳。

家事

上午，瑤祥弟來告紹曼姪女病愈，今日出院。

3 月 30 日　星期二　雨

職務

將 Pilot School Lunch Program 之 Findings 重新加以刪改，交李慶塏君寫作報告，至此余在 AID 之全部工作告終。

集會

上午到國大黨部出席改選後第一次小組會議。

師友

晚，到重慶南路訪董成器兄，僅遇其夫人，係面送其子婚禮衣料一件，此係結婚後補送者。

3月31日　星期三　雨

職務

下午下班前，稽核組之 Chief T. K. Martindale 約余到其辦公室，渠將總務處之所備之解聘函面交，並由余將副本簽還，渠問余 National Distillers & Chemical Corp. 之張君方面有何進一步的消息，余答尚未，渠又謂下月份余可以不必照常辦公，所謂 Administrative leave，今日總務處有一通告，謂解聘之一個月前通知不必意味不必上班，故須照常辦公，其實 Martindale 未予理會。

娛樂

張中寧兄送來戲票二張，余與德芳到師範大學看話劇「田單復國」，故事甚好，意義亦佳，但情節不無漏洞。

4 月 1 日　星期四　雨

瑣記

　　余自今日起為在安全分署之最後一月，不必上班，以待月底辦理解聘時之應有手續，現在為八年來空前之悠閒歲月，應從事讀書與未了之寫作。前、昨兩日為德芳與余之生日，諸兒女共購電動咖啡壺一只為慶，係台灣本地所製，有高溫、低溫刻盤凡四、五個等差，且云自動開關，余今日試之，低溫處能自動絕電，高溫處似不能也。

4 月 2 日　星期五　雨

家事

　　經合會友人趙既昌君後日赴美，曾詢余有無帶交紹南之物件，乃購新龍井半斤，並由德芳買繡花上衣二件，於今日下午到經合會訪趙君託帶，但不遇，留字寫明為攜帶方便，必要時可以打開放置云。

師友

　　晚到金龍飯店參加董成器兄之公子喜宴，遇朱興良兄由台中來，云已確定以借調方式來財政部以專門委員名義在錢幣司主管保險，公文下週可到，此舉只在延緩彰化銀行之強制退休，於經濟方面補益甚少云。

4 月 3 日　星期六　陰

體質

　　鼻疾自一週前因感冒而轉劇，分泌鼻涕甚多，旋即復原以來，現又轉入月前之狀態，即兩鼻全通，嗅覺亦

極正常，只偶有清液滴下，須加擦拭，但喉頭反比昔時
為混濁，經常須用內吸之力使鼻腔入氣將其壓出，由口
腔吐出，全日無慮二、三十次，是以在公共場合極感不
便，醫師對此無療法，故亦聽之。

4月4日　星期日　陰
師友

中午，到航空站送趙既昌君赴日轉美，又悉其考察
團亦有侯銘恩兄在內，經一併道別。歸程搭乘趙葆全兄
之車，並與王慕曾兄一同到空軍總醫院探望余井塘先生
病，因入睡未晤。下午同德芳到石牌榮民總醫院探望陳
長興兄之病，坐骨壓迫神經，明日即做手術。上午，吳
先培兄夫婦來訪，因聞余在美援公署解聘，特來致意，
並談及上月解聘之梁愉甫兄刻在其嘉陵公司幫忙云。

4月5日　星期一　雨
記感

本月開始美援公署之所謂 Administrative leave，不
需到公，而支薪至月底，每日在寓讀書，其情形實與
Annual leave 相似，然在情緒上大不相同，蓋在 annual
leave 一星期時，雖亦有前後九天之休息，而第十天之工
作如何，仍在安排之中，現在只等待兩次支薪，與償還
預支及繳回用具等事項，於署內之事覺已十分窵遠也。

4月6日　星期二　晴
家事

下午同德芳到三重市大有街二十號忠誠新村探望七弟瑤祥，因其長女曾患疹肺炎甫愈，且余夫婦自其移住此地後尚未訪問過也，惜不遇，其地在曠野，甚安靜而交通不便，歸程步行至過圳街味新工廠側，適有穀保中學學生專車（公共汽車）正將開行，乃搭乘而返。

4月7日　星期三　晴
閱讀

讀 Robert E. Asher: *Grants, Loans and Local Currencies: Their Roles in Foreign Aid*，全書只百餘頁，而分析美援之方式，其對國際收支之影響，有關政策之檢討等均極精闢而詳瞻，尤其在經濟觀點上，此項美援之效果的觀察，計劃之形成的尺度，均分析透徹，讀時有層層剝筍之樂。

4月8日　星期四　晴
閱讀

讀張君勱七十生日論文集，牟宗三、李璜、宗孝忱、徐復觀、陳伯莊、程文熙諸人之文，而最力之作則為唐君毅之經濟意識與道德理性，此文在以人文主義分析人類之經濟活動，一反過去資本主義重生產、社會主義重分配，而以消費為中心，見解新穎可喜。

4月9日　星期五　晴

閱讀

讀錢穆作「湖上閒思錄」，為一隨筆式之語錄，原
為報刊所載之短文，結集成書，但條理一貫，思路一
貫，體裁一貫，讀時細加涵泳，其人文理念，躍然紙
上，作者於老莊思想特別有其心得，而其基本則為儒
學，對於西方哲學採批評態度，對於科學只承認其為人
類貢獻之一技，謂一離人文便成死學，頗發人深省也。

4月10日　星期六　晴陣雨

體質

晨，喉頭咳出蛔蟲一條，到醫務室配服驅蟲藥，計
七天量，每天八粒，分二次服用，腹內連日有時微痛，
諒因此故。

家事

下午，到師大附中參觀校慶成績展覽，余只看紹彭
參加布置之木柵分部部分，尚稱整齊。

集會

上午出席實踐研究院小組會，喬修梁兄召集，余
紀錄。

4月11日　星期日　晴

師友

馬麗珊女士來訪，談已由石門水庫移居中正路，其
夫君設診所於此，但業務不盡理想云。

集會

　　黃君與林小姐來約德芳與余參加基督教百年在台紀念布道大會，乃於下午七時半到公賣局球場參加，由許志文博士主講，但甚淺薄，只說應悔改始免滅亡，而不詳其故。

4月12日　星期一　晴陣雨
瑣記

　　昨晚在布道會場見有當天的福音社廣告，馬偕醫院刊登，謂美國阿拉巴馬耳鼻喉科權威 Fisher 十五日以前在院應診，余患鼻疾刻轉入喉頭，難以求治，乃往求診，乃掛號處不知，問耳鼻喉科，謂已回國，極為納悶，只得廢然而返。

4月13日　星期二　晴
閱讀

　　讀王光逖文集「扶桑漫步」，乃聯合版日本通信之結集，於彼邦人情風俗與社會政治寫來均極為生動有致，但文字頗不免累贅之處，與近在該報所載崔萬秋東京隨筆，大有不同，余只讀書中大約半數之篇章，末篇所記若干中國人物經日談話甚好。

4月14日　星期三　晴
師友

　　下午到中正路訪王景民馬麗珊夫婦，為賀其診所開張，贈銅製煙缸二隻。下午李德民君來訪，謂經濟部已

決定調彼為漁業公司會計主任，正請示行政院主計處，
託余促成，余即允函謝人偉副主計長，並另備函交李君
寄發漁業公司劉桂董事長，予以介紹。下午黃鼎丞兄來
送代買針藥並 Martindale 之請柬等件。

4月15日　星期四　晴

職務

　　上午到分署辦公室參加同仁照相，計全會計處與稽
核組各一張。徐松年君語余，謂 National Distillers and
Chemical Corp. 之正在徵選人員，彼亦知之，且曾有意
往應，而未為此間所許，但前同事曾明耀君亦應徵，恐
余將在其以下矣，徐與曾甚相得，此語諒有用意，余一
笑置之，未作表示，但自知神色難免不快也。

4月16日　星期五　晴

交際

　　上午，到善導寺參加殷君采氏逝世十年紀念會。
晚，本稽核組主任 Martindale 在陽明山寓請全體同仁晚
餐，並有餘興電影，余與德芳同往，十一時方歸。席間
遇劉允中主任，據云 National Distillers 既尚未答復關於
余之職務事，似可在其他方面亦分頭進行，Martindale
之意亦如此。

4月17日　星期六　晴

師友

　　下午，到榮民總醫院再探視陳長興兄之病，護士云

甫經出院，知已手術完成痊愈。下午，約朱興良兄在欣
欣餐廳晚餐，閒談，蓋朱兄昨曾來訪不遇，知已調來財
政部錢幣司任職，主管保險，來此後計劃下學期北遷居
家，而於財政部現狀又深為不滿，頗躊躇焉。

4 月 18 日　星期日　雨
師友

　　高注東兄之世兄明一來談其與友人在紐約組織七海
物產公司，初步已將在此收購畫件寄往該市，此間收買
之件有畫家不落款者，自每幅一元五角至十餘元不等，
可謂廉矣。
參觀
　　晚，同紹彭到師範大學看公路黨部康樂隊表演，有
歌舞、魔術、相聲等，尚佳。

4 月 19 日　星期一　晴
師友

　　晚，劉桂兄來訪，談已接余之函介李德民君，詢問
大概情況，劉兄聞悉李君之情形，甚感滿意，因主計處
對於經濟部張景文兄之公文未必不生阻礙，故必要時將
到該處予以催促云。

4 月 20 日　星期二　晴
參觀
　　上午到中山堂看于琬君畫展，山水、花卉、草蟲、
寫意與工筆，皆有所作，而俱有成就，不可多得。

家事

上午到永和和平街 64 巷 5 號姑丈家訪問，為其移居新租房屋之初次，此屋甚合用，舊屋已出售。

4月21日　星期三　晴

體質

自上週發現蛔蟲服藥七天後，亦未見有蛔蟲排出，鼻部情形殊少變化，而喉頭之分泌物亦未見減少，此情形與右鼻有關，左鼻在偶然情形下滴下清水，在鼻腔內略有凝結，以手試之，有不同之臭味，因左鼻嗅覺甚弱，係由右鼻試之。

4月22日　星期四　晴

體質

下午因喉部不適日久，覺有調治必要，乃就診於中醫師馬光亞，斷為肺脾失調，與鼻有關，處方湯藥，將服二劑。

瑣記

下午到歷史博物館查詢有無熹平石經殘石英文說明，晤及展覽組主任孟奔，承查問主管，獲買英文概況一本，內有說明。

師友

晚，張中寧兄夫婦來訪，云將為下半年謀教職。

1965 年 4 月

4 月 23 日　星期五　晴
體質

　　馬光亞醫師之處方於今日煎服一劑，法將草藥十味置水中煎至半飯碗，共三次，然後混合後亦分三次服用，午晚與睡前各一次，皆在空腹時服之。看書時左面微有偏頭痛，不知是否與鼻疾有關，亦係室內光線太暗，戴眼鏡過久之故，因是看書之間歇時間予以放長，俾視力獲充分休息。

4 月 24 日　星期六　晴
師友

　　上午，到開發公司約王德壽兄在其附近綠洲茶敘，詢問余欲進行該公司工作，應如何進行，余已知之職缺為稽核，渠認為經濟研究處之專員為更切實際，並詳述其公司之作風與傾向。
交際

　　晚，陽明山同學毛松年兄在台灣銀行約宴，計二席，並有李壽雍副主任與各輔導委員在座。

4 月 25 日　星期日　晴
娛樂

　　上午到空軍新生社看小大鵬平劇公演，邵佩瑜演六月雪代法場，唱腔全宗程派，而音量較宏，可謂折衷至當。
師友

　　劉桂兄來訪，余外出，留字謂李德民君調至中國漁

業公司事不成問題云。

4月26日　星期一　晴
師友

　　上午到中國漁業公司訪劉桂兄，適開董事會，留字為其昨日來訪所告之事表示謝意。下午，黃鼎丞兄來訪，交來下月本署會計長 Nemecek 與夫人為 Martindale 舉行 farewell party 之請束，並告公請 Martindale 各同人所定酒席日期與地點等。

4月27日　星期二　晴
師友

　　上午，周傳聖兄來訪，談在招商局因懲處不法被人反噬，涉訟基隆，將延湯志先律師辯護，託余介紹，余乃與之同往，洽述案情後，經確定一審公費五千元，如招商局負擔此費，勝則後謝。
集會

　　晚，到經濟部出席經濟座談會，由漁業局副局長沈達可報告台灣漁業，資料甚為豐富。

4月28日　星期三　晴
職務

　　下午，到本分署辦理有關退職事項，包括 Clearance sheet 上所列各項，如文卷部分、人事部分有無應退未退之調閱文卷及服務證件，圖書館有無欠書等，並還清預支旅費（由今日薪扣回）等，然後再將財產性物品託徐

君退總務部分，待其取回簽字，始憑領末次薪，又領遣散費五個半月。與 Martindale 進行開發公司事，彼允下週與該公司洽談。

4 月 29 日　星期四　雨
師友

王慕堂兄來訪，知余已終止美援公署工作，主進行中華開發信託公司，余所見亦同。李德民君來訪，談其調漁業公司事，又有主計處人員作梗，但主計長張導民已約見，所談甚洽，余料其不致生變。

體質

中醫師馬光亞為余前日續診喉疾，並換新方，有藥十三味，昨、今兩日服用兩付，奇苦，亦尚無顯著效果。

4 月 30 日　星期五　晴
譯作

數日來開始譯美國 Farm Credit Administration 1962-3 年度業務報告，已完成「概觀」部分，並於上午送合作金庫隋玠夫兄，此事係受託辦理，因原文太長，相當於三、四萬字，與隋兄洽妥分為五段，今日之第一段「美國農業信用合作概觀」約五千五百字。

師友

上午，到中國漁業公司訪劉桂兄，轉告李德民君昨日所告之該公司會計主任調動事，彼初不知，既知其事，云決定訪主計長聲述防其變卦，歸後余即函告李君。訪王慕堂兄於交通銀行，並先訪趙葆全兄不遇，意

在與趙兄商洽如何進行中華開發信託公司職務，因趙兄
亦為常務董事也，經與王兄談此事，渠主應早速進行。

交際

　　AID 稽核組同仁晚在山西餐廳約宴惜別，到劉允
中、李慶塏、徐松年、葉于鑫、靳綿曾、黃鼎丞、吳學
忠、孫世忠、毛麗玉諸君，為本組全體之同事，無一缺
席，極可感也。

集會

　　出席國大黨部小組會議，有專題與檢討批評等，並
有傳聞台籍人士開始競選明年大選中之副總統者。

體質

　　看聯合門診眼科，周道香診察，謂有砂眼，取藥
二種。

5 月 1 日　星期六　晴
閱讀

讀 Jesse Burkhead: *Government Budgeting*，1956 初版，1963 五版，全書分四章，一述預算起源與發展，二述預算分類，三述預算實施階段，四述有關預算特殊問題，余於其二章之 Performance 及與第二章之 Eco. Character Class 二部分最感興趣，亦為最近發展之內容，末章對平衡理論及開發國家預算技術亦有極精彩之討論，佳著也。

5 月 2 日　星期日　雨
譯作

譯完美國農業信用局 1962-63 年度業務報告第二段，此段為關於農業信用制度之體制全貌，乃關於組織及其工作方面之描述，末附財務代理人工作情況，此段共約七千五百字，其中除有關其法律室一項特別案件只譯摘要外，餘皆照全文。

5 月 3 日　星期一　晴
謀職

上午到交通銀行訪趙葆全兄，彼為中華開發公司常務董事，余首述有意謀該公司稽核等職之意，趙兄色甚嚴肅，迨謂因美援公署美籍人士介紹，與趙兄謀如何策成，渠始色霽，並謂最好不宜由中國方面人士出面，不知是否遠事之意，余道謝而出，託隨時協助。到美援公署持預擬以 T. K. Martindale 名義致中華公司張心洽總

經理函稿，先與劉允中主任斟酌文字，略加修改，候晤馬氏至午不果，下午再來，馬氏謂將與會計長 Nemecek 商洽如何措辭，謂或用 To Whom It May Concern 方式，則無用矣。徐松年君亦談此事，多有見解。

集會

上午到中山堂參加中央紀念週，沈怡（？）報告航業，甚扼要。

師友

晚，朱興良兄來訪，談搬家北來等計劃事項。

體質

三次就診喉疾於馬光亞醫師，處方增至十五味藥。

5月4日　星期二　晴

交際

中午與德芳在老周餃子館約朱興良兄吃魚餃。晚，美援公署會計處同仁公請 Martindale 為之餞行回美，並請本處全體其他洋人 Nemecek、Martin、McKeel 及 Duggan 等，地點華西餐廳。

謀職

Martindale 為余備函致開發公司，出乎意料之外係致王德壽兄，避重就輕，恐無效力，劉允中主任亦同感。

5月5日　星期三　晴

謀職

到美援公署晤劉允中主任，告昨日 Martindale 致王德壽副理函已發出，請再以電話與其商談，劉君又

談 National Distillers 之主管張君似已約曾明耀君談任用
事，則余事殆擱淺矣，曾君幼余 20 歲，是其原因歟？
又悉美國學校在署刊登徵聘會計啟事已失效，而余上午
起草申請，亦白費矣。

5月6日　星期四　晴
謀職

上午到美援公署訪 T. K. Martindale，漫談余之謀職
事，包括 National Distillers、中華開發公司、美軍顧問
團等等，顧問團事余請其詢問是否亦發生與國大代表衝
突問題，彼則無甚見解，彼又提及經合會，余謂用人權
全在上層，彼始恍然於中國之國情，但余請其向李國鼎
或陶聲洋介紹，彼又沉吟不語，與劉允中主任繼續談
此，亦不得要領。徐松年君問余有否進行台達化學公司
之意，余云有意；徐正渭君來信擬介紹一職，下午往
訪，彼轉詢王紹堉君，王將轉詢，但慮年齡不合云，亦
為台達。

交際

上午贈熹平石經片及曲宗玫小姐畫一立軸于
Martindale，晚應馬兆奎兄宴。午請朱興良兄便餐，晚
送其回台中贈名點。

5月7日　星期五　晴陣雨
謀職

中午，徐正渭兄來通知，謂王紹堉君約台達負責人
及余在中國之友社午飯，比往，台達協理馬君亦來，飯

間談公司及余雙方情形甚詳，馬君代表美參加台達合
資，現已四月矣，尚未上軌道云，飯後馬君謂將再行約
談而別。訪徐正渭談今午經過，又遇劉允中主任告以此
事，渠謂 Martindale 方面尚未談及余事云。

5月8日　星期六　雨
閱讀
　　讀 Stanley D. Metzger: *International Law, Trade and
Commerce* 一書，只閱其末二章，一為 The Corporation
in External Affairs，二為 Limitation of Liability for Aircraft
Accidents，均就法律觀點論商業，別有其獨到之處也。

5月9日　星期日　晴
譯作
　　譯完美國農業信用管理局業務報告第三部分，此部
分為土地合作金庫與土地信用合作社之經營狀況，乃長
期合作信用之介紹，譯文共七千五百字左右。
娛樂
　　晚，同德芳到師範大學看電影，為德國文藝片「玉
女怨」，原名及演員均未及看到，片甚短，大體尚佳。

5月10日　星期一　陰雨
謀職
　　上午，到公賣局訪王紹堉局長，答謝其為余介紹職
務，因開會未遇。到美援公署訪徐松年君，彼曾由其同
學汪君出面約請往台達任職，並告余彼不願往，問余如

何，余託其介紹。後晤馬君，亦為台達。因徐君盛意，與敘經過，徐君以電話問台達總經理趙君之代理人汪君，云趙星期四由高雄北返，當提余之事，並謂趙君決定權較大也。

5月11日　星期二　晴
交際

晚，美援公署會計長 Nemecek 及處內洋員在中山北路美軍餐廳舉行酒會與 buffet，余與德芳及黃鼎丞夫婦一同前往，所請除本處全體同仁外，尚有署內其他洋員及各機關有關中國方面人士。席間遇開發公司王德壽兄，據云 Martindale 為余介紹之信已到，併陳明其總經理張心洽，謂「出不起 AID 待遇」云。

5月12日　星期三　晴陣雨
師友

訪隋玠夫兄，交去所譯美國農業信用管理局報告二、三篇。
參觀

參觀壬寅畫展，亦有書法，計十餘家，較出色作品有傅狷夫、葉公超、吳詠香等所作，書與畫皆見作意。
體質

喉有黃涕，中藥十六劑未見效，下午再看李蒼大夫，認為鼻涕倒流，亦過敏性，配紅藥丸二十片，日服三片。

5月13日　星期四　晴陣雨
職務

徐正渭兄轉來王紹堉局長通知，台達當局約余下午到公司晤面，比往，晤馬副總經理，謂決定聘余為會計主管，月薪八千元左右，並介紹董事長兼總經理趙廷箴及葛副總經理晤面，至於何時開始，容商洽後，明日通電話決定，趙君並談及美援公署會計處各友人，特別強調現在經合會之陶聲洋秘書長，余意公司必已向有關方面對余作相當之調查，故未要求余提出人事資料云。

師友

下午，到重慶南路訪吳崇泉兄，詢景美土地接代書要求填送申報地價表事，吳兄謂已填，余當係漏補者，經即照所寄來者填復，面積為144坪，必係有道路地44坪在外云。訪楊天毅兄閒談，承贈晉唐楷帖與秦上將墓表等。

5月14日　星期五　陰雨
職務

上下午均到台達化學公司與馬副總經理洽談，決定事項：（1）名義先不發表，（2）待遇決定月支八千元，（3）當介紹現會計主任汪君，約定明日起余到公司先求了解，以俟馬君赴日回台。

師友

午，到航空站送 Martindale 回國，並告已到台達任職。到美援公署晤劉允中、徐松年君等，告謀職情形。

5 月 15 日 星期六 晴
職務

今日起準時到台達公司從事會計事務之了解工作，由周煥廷君先作說明，然後再閱母公司 Mobil 之會計 Manual。

師友

下午，佟志伸兄來訪，告已脫離 AID，並到台達任職。晚，同德芳到永康街訪王慕堂兄，德芳與俱，告已到台達工作，請毋再勞擘劃云。

5 月 16 日 星期日 雨
師友

晚，張中寧兄約晚餐，與德芳參加，在座皆黨校同學。李德民君來訪，談其調漁業公司事，行政院主計處公文在繕校中。

娛樂

上午，看小大鵬平劇公演，劇目為祥梅寺及貴妃醉酒，後者為王鳳娟主演，唱做均有可取。

5 月 17 日 星期一 晴
職務

繼續看台達預算資料，但若干表列數字多不能由 working paper 內尋出，馬副總經理面交函一件以代聘約，並囑余有時間即到公司先作研討，公司所聘菲律賓會計師草擬成本轉帳方式擬交余核閱實施，余以情況不甚清楚，允三數日後再行接受。

5月18日　星期二　晴
職務

　　到台達續閱有關會計之資料，自今日起余就其文卷
櫃自行取閱，故先知其共有若干及何等文卷，比較可以
有系統的加以檢討，今日閱其來文去文一卷，其中有涉
及會計報表不易正確及受紐約與日本兩方美孚之責難，
與公司會計人員表示希望各部門合作等函電，於公司人
事之配合與上下間之尚不能聯繫緊密，有所認識。

5月19日　星期三
職務

　　在台達閱過去會計師查帳報告及去年底公司所作之
決算報表，會計師為宋作楠，計有去年三月三十一日及
十二月三十一日兩次，說明及保留條件等均甚平妥。
師友

　　晚，與德芳到新店訪崔唯吾先生張志安師母，師母
明日為七十壽，面贈陳設品「花好月圓人壽」與銅製松
鶴圖等。

5月20日　星期四　晴
職務

　　到台達公司閱會計文卷，因歸卷之不合理，有一文
分為數段分存數卷者，數日內未能貫穿，現已恍然，此
皆特別費時間之事，又如事之來龍去脈常有文卷不全
者，亦為難以索解之原因。

慶弔

張志安師母七十壽慶，晚在會賓樓宴客，與德芳參加。

娛樂

晚與德芳看政大校慶電影，「西太后與珍妃」，尚好。

5 月 21 日　星期五　晴
職務

閱台達公司委託華成服務社菲律賓人 J. J. So 所草之各項 Proposed Form Distribution and Procedure Chart，已成六件，約占全部之半，余今日已閱其五件，為關於現金收入、請購、購買、入倉、出倉等，條理甚為清楚。

5 月 22 日　星期六　晴陣雨
職務

閱完會計師 J. J. So 所寫五種為台達所擬之會計程序 Chart，並寫 notes 備與之討論，此為其所擬之一部分，餘待續擬。

瑣記

下午，到國民大會秘書處備函請轉電信局請裝電話。晚，高明一君來訪，允為其出境保證人，將赴寮國轉美國。

參觀

在中山堂看江兆申書畫印展，書卷氣極重，書宗二歐陽。

5月23日　星期日　晴

體質

上午，德芳陪赴鼻科楊天河醫師就診，認為去年開刀未除盡，既無頭痛胃疾，謂旬內可療，當吹入藥粉，處方服湯藥，每日一劑，另有膠囊藥二種，一種日服三次，一種隨湯藥進，每日將去點藥。

娛樂

上午，同德芳看小大鵬公演「風流雙鎗將」，乃角色極多之水滸武戲，打來甚精彩，唱則極少。

5月24日　星期一　晴

職務

閱台達化學公司之去年底決算表，以與所聘會計師查帳報告對照，發現該表中英文二式，英文者與會計師者同，中文者則頗有出入，尤以 Retained Earnings 一段為甚，其故尚未能明。

瑣記

徐松年君電話，詢余台達事已否作最後決定，謂將於曾明耀進行國民製酒工作時一同注意及之，余謂請勿多慮云。

5月25日　星期二　晴

職務

續閱台達公司卷，以所作未來八個月之 Cash Forecast 與 Capital Expenditure 內各新建計劃之已付未付總數相較，發現在本年底完成之各計劃，其 Cash

Forecast 所列數均低，比後者相差一倍以上，周煥廷君
謂確有閉門造車之弊。

5 月 26 日　星期三　雨
體質
　　每日赴楊天河醫師處治鼻，先插入棉花蘸藥，移時
吹入藥粉，另外則服膠囊藥二種，一種飯後二粒，日三
次，一種隨湯藥服入，日二次，每次亦二粒，湯藥則今
日起用第二次方，與第一次相似，另加西當歸等，由久
益代配代煎，用小瓶送來。

5 月 27 日　星期四　雨
職務
　　趙總經理約談，詢余本月來觀察所得，余表示報表
應由帳產生，逐月基礎宜同，預算亦重要，對紐約與稅
務皆然也，彼囑速將會計師設計一案作一段落，趙君認
現在費用太大，於馬副總經理不無微詞。
師友
　　張中寧兄夫婦來訪，閒談。馬麗珊女士來託催楊業
孔局長答復徐鼐所寫介紹信。黃鼎丞兄來詢問余半月來
工作情況。

5 月 28 日　星期五　晴
職務
　　研討台達公司每月須送紐約之 Capital Expenditure
Schedule 的製法，檢閱四月份之 working paper，甚為繁

複，其法乃將全部 purchase order 作一分析，按計劃別逐一歸戶，又五百元以下之支出不用 purchase order，則依傳票逐一歸戶，等於將全月之帳重新整理一過，甚不經濟，余之腹稿，以立一特種分戶帳為佳也。

5 月 29 日　星期六　晴
體質

下午到聯合門診由陳錫麒醫師看牙，原因為右上最後二臼齒中間之縫日寬，咀嚼時即塞，久之必相距日遠，據云不可填補，只好聽之，又左下臼齒又有一只畏冷畏熱，但云尚不到拔除時。

師友

晚，同德芳到雙城街訪李德修原都民夫婦，贈糖果等，並因夏間紹中出國需要，請將代存之款於六月末取出。

5 月 30 日　星期日　晴
娛樂

上午，看小大鵬公演平劇，由邵佩瑜、崔玉芝合演硃痕記，邵唱腔宗程派，近且亮潤，大有進步。

瑣記

年來髮白其大半，因兩鬢最甚，不能加染，亦即聽之，今日下午由德芳為余試用美原染劑，似無刺激性。

5 月 31 日　星期一　晴

職務

　　馬賓農副總經理由日本回台，謂已與現任會計主任汪君提及擬降彼為 Assistant 事，汪君不允，但公司已決定由余繼任，彼將不免辭職，馬氏詢余接辦有無困難，余答應無。趙總經理囑作對於去年與今年業務情形之分析，余於今日作好，交馬副總經理轉交。下午，出席本月份業務會議，只作觀察一切，果獲益不淺，會後在山西館聚餐。

6月1日　星期二　晴

職務

馬副總經理謂余在台達之職務自今日開始，主持會計部門，但現任之汪曉林君限期一週請其考慮去留，故正式公布，尚略有待，余之辦公室則固定在其隔壁。製薪俸變遷表交馬君。

體質

晚，就診於楊天河醫師，將左鼻息肉取出，大如小蝦，已因用藥而枯萎，取時略痛，出血甚微，謂仍須繼續用藥，技亦神矣。

6月2日　星期三　晴陣雨

職務

上午同汪君到稅捐稽徵處中山分處辦理營業總校正，由主辦之張君接洽辦理，並介紹另一經辦之王君。

娛樂

晚，同德芳到師大看平劇彩排，大軸為一年級王馨東與四年級蕭永琳武家坡，珠聯璧合，為票友所難得者。

體質

鼻內取出息肉後，今日尚有黑血，下午即完全停止。

6月3日　星期四　晴

職務

今日主要工作為從最近月份傳票轉帳情形了解目前成本處理程序，以便據以審查會計師所擬之成本轉帳方

式，又因記帳之孔君告余以今年藍色所得稅申報所造表冊與帳面餘額有不符之處，但為汪君一人所擬，如彼解職，將來查稅時勢難回答，請余注意，余即將其差異情形略加核對，發覺尚非全無準據。

6 月 4 日　星期五　晴陣雨
職務

從事審閱會計師所擬之本公司成本制度，發現一項問題，即因設數個 cost center，製造費用依各中心設補助帳，而分錄簿又無過明細帳之專行，致明細帳須由原始憑證過入，恐帳項多時難免無法控制也。與高雄廠會計朱君談該廠當前許多問題，如未完工程轉帳，及材料與原料之控制方式等。

6 月 5 日　星期六　雨
職務

與高雄廠辦理會計之朱君談其處理事務程序，並與此刻辦理月報表之周君研究配合問題，發覺配合鬆弛，竟有完全不必要之重複工作，決定立即革新，並準備核對調整已往月份差誤。
閱讀

擇讀 S. E. Harris: *The Dollar in Crisis*，為一文集，余只讀其第一篇綜合敘述，於 1960 左右之美國收支逆差問題分析極詳。

6月6日　星期日　晴曇

業務

　　下午，到中國互助協會為其會計報表簽證事與牟文熙君接洽，經與其會計陶君一同檢討其帳務，因所設科目不能產生與預算相比較之報表，當囑先行將科目調整，然後製表，余將於星期六再行審核。

6月7日　星期一　晴

職務

　　今日與前任汪曉林君辦移接，由馬賓農副總經理約會計處全體人員布達，並致詞勗勉，余亦致詞表示希望，後由馬君偕余拜會全體同仁，同時人事部分將正式任用公文交余。汪君交余銀箱鑰匙副份，發薪用支票送金簿等，又將今年所辦所得稅藍色申報與帳上不同之點加以解釋，又將須本人保管之薪津資料交余。

6月8日　星期二　晴

職務

　　閱覽汪曉林君移交於余之納稅有關資料，包括各項扣繳之薪資租賃所得等，並研閱發薪資料，以備本月份起接辦。

師友

　　下午，馬懷璋兄來訪，渠在交通銀行服務，余詢其當前各項銀行實務習慣，增進甚多之了解。下午到美援公署訪劉允中、李慶塏諸君，又到經合會訪徐正渭兄，渠將於下星期訪泰國。

6月9日 星期三 晴

職務

今日所辦事務極雜，恐今後日常生活即係如此，計有簽發支票，核付款傳票，核送紐約月報表，接見保險公司人員，配合採購部分向銀行索取本票簿並辦申請印鑑手續，接辦前任汪君移交之文件存摺等件，汪君移交並未有系統的辦理，而係 on piece meal basis，以致應付之時只感凌亂不堪云。

6月10日 星期四 晴

職務

由前任會計主任汪君陪同拜訪各往來銀行，包括彰化銀行、華南銀行、合作金庫、花旗銀行、華僑銀行、交通銀行、土地銀行，又拜會宋作楠會計師及其華成服務社之 Allindada，又拜訪市稅捐處之所得稅課與中山分處及其營業稅股。

6月11日 星期五 晴

職務

由各項明細帳之審閱以求了解主要流動資產流動負債之內容，發覺有固定資產已試車而尚未入帳，連帶的銀行貸款亦未見帳之情形，證明公司極不上軌道。與林、吳二君談保火險事。

交際

晚，在中國之友社請徐正渭、劉允中、李慶塏、葉于鑫、吳學忠、孫世忠、徐松年諸君吃飯，尚有靳綿

曾、黃鼎丞、毛麗玉請而未到。

6月12日　星期六　雨
職務

余作日發現固定資產三萬九千餘美元漏帳，與經手人數度接洽，知每月報紐約之 Capital Expenditure 內亦未見列入，今日與馬副總經理談起，渠又嚴詢當初作表之工程部門潘小姐，彼謂在內，昨日渠使余得一印象為不在內（因渠謂在 expenditure 之內，余只知 expenditure 由會計帳內表示），實因不知其早期亦管 expenditure 也。

6月13日　星期日　雨
業務

到中國互助協會為其出具六個月的查帳證明，此事上週曾囑其會計陶小姐作調整記錄，結果因其不懂會計，完全不合要求，但余雅不願為此再費時間，所幸今日已將銀行對帳單及教會存款單取來對照，余始敢在證明上提及其存款事云。

6月14日　星期一　陰雨
職務

訪中華開發公司王德壽兄，一為現職就任後之拜訪，二為詢問對於台達向該公司借款開始償還期間，始知合約內所定之一月卅一日並未更改，而未還未催，殊屬不解云。開始準備另編下半年之 Cash Forecast，先由

已編之不妥處著眼，分頭向關係部分索取資料。

6月15日　星期二　陰雨

職務

今日仍為處理日常事務而占去大部分時間，如填送開發公司開發基金貸款月報表，填送花旗銀行工業調查表，並開始準備發薪表冊，又與各單位接洽準備作下半年 Cash Forecast 之資料等項，又有上海銀行明日開業有人接洽堆花，馬副總經理主張不送。

6月16日　星期三　雨

職務

準備本月二十日（實際為 19 日）發薪用薪俸表，此事因係初次經辦，不甚熟練，故處理甚慢，亦因扣款項目較多，須特加小心之故。前任汪曉林君今日來支取其薪津與退職金，彼又草擬一項交接會報，用英文，但文內所寫之附件，又遲遲不予辦就，此人辦事拖泥帶水，往往如此。

6月17日　星期四　雨

職務

完成本月份薪俸表之編製，並填就支票與傳票，最後並將於十日內須繳納之所得稅亦開好報繳書類，此一書類雖甚簡單，但因必須分列若干為完稅扣繳之人，若干為免扣之人，以及起扣額為若干，相減後得到應扣繳之總數，復與扣繳百分比相乘而得扣繳數，本公司扣繳

率不一，故核填多所周折云。

6月18日　星期五　晴陣雨

職務

到華南銀行送本月份薪給表，請轉帳至各員工之乙種活期存款帳。到交通銀行送公函，補充申請貸款條件，請將該貸款訂為五年還清，余並函趙葆全總經理請其注意。集齊 Cash Forecast（下半年）補充資料，趕辦總表，由周煥廷君主辦中。

師友

晚，李德修原都民來訪，送來取出代存中信局之款。

6月19日　星期六　晴陣雨

職務

與周煥廷君將下半年 Cash Forecast 之全部數字確定，共缺新台幣資金一千四百萬元，數月前所作一次，半年只差九百餘萬元，因此次估計為向紐約報告，準備作為貸款依據，原則從寬之故。

交際

中午參加台達全體同仁歡送汪曉林君宴會。晚同德芳到狀元樓參加童叔平長子縉結婚宴（在美）。

娛樂

張中寧兄招待在師大看淡江話劇赤子心，另德芳同往。

6 月 20 日   星期日   陣雨

慶弔

上午，到極樂殯儀館弔張金鑑兄母喪。

師友

下午，佟志伸兄來訪，談其長女今夏赴美，紹中亦係今夏赴美，但因佟兄長女有免學費獎學金，不須留學考試，故將早成行。

娛樂

上午，到新生社看大鵬平劇，邵佩瑜演鎖麟囊，甚佳。

6 月 21 日   星期一   晴

職務

上星期所作 Cash Forecast 因其中 Capital Expenditure 與 Purchases 副總經理馬君認有再加修正必要，經發還工程與採購兩部分修正，至晚始行修正妥善，乃延長辦公時間，加以趕辦，馬君今晚閱後將於明日面致由東京來此之 Mobil 代表 Kinsella。

6 月 22 日   星期二   陣雨

職務

為馬副總經理將最近銷貨預測與春間第一次預測作一對照，以明預測之衰退趨勢，由九十萬美金至七十萬美金，影響非輕也。

師友

張志安師母來電話，託余明春國民大會主席團選舉

中支持孔德成氏，余允其所託，因現在尚未有任何拘
束也。

6月23日　星期三　晴
家事

　　表妹姜慧光來商，因急欲以探親方式赴美，須有
六千元美金之存款證明，擬在此湊四千元即十六萬元台
幣，其方式為動用在人造纖維公司之存款，但又欲到美
後仍存回該公司，則最好以此為抵，向他人短期借用，
免存回時該公司不收，詢余有無適當之人，余允向友人
處查詢。訪黃鼎丞兄，還以前贈酒二空瓶。

6月24日　星期四　晴
家事

　　因知姜慧光表妹如赴美，姑丈無意隨往，則七旬老
翁，孤獨在台，殊非良策，乃草函表妹婿隋錦堂，請其
重視此事，以回台做事二、三年為宜，下午持函訪姑丈
與表妹，姑丈表示其決絕，表妹只以望其父將來亦赴美
為敷衍，余見其不誠，即不多談矣。

師友

　　前日託張志安師母代求孔德成氏字，張師母電話謂
明日辦。

6月25日　星期五　晴
職務

　　本月七日接辦汪曉林君之會計工作，當時未將總帳

餘額核對，今日開始將去年底總帳與決算表核對，並將
不符之處作 working paper，以明原委，此事由於去年盈
餘曾於三月底九月底結算兩次，又於申報所得稅時將已
經預估轉帳之法定公積金與應繳所得稅沖回純益科目，
而帳面依然未沖所致。

6 月 26 日　星期六　晴
集會
　　下午到交通銀行參加黨校同學茶會，報告政治與當
前證券市場者有馬星野、魏壽永、趙葆全諸兄，均有見
地，會內並決定今後兩月舉行一次，新年則聚餐一次。
體質
　　到聯合門診看鼻與口瘡，楊人告醫師謂鼻麻木待
自愈。

6 月 27 日　星期日　陣雨
師友
　　前日孔德成氏來訪，不遇，今日到信陽街26號答
訪，亦不遇，謂已回台中，留字而返。
娛樂
　　上午看小大鵬公演平劇，崔富芝空城計，唱做具
穩，同齡中不多見，嚴蘭靜三堂會審，此為其所擅長
之唱工戲，但近來一味學張君秋，梅派之優點反而不
彰矣。

6月28日　星期一　晴陣雨
職務

業務處貝君談新出品電木粉品質不足，馬副總經理有意不完貨物稅廉價出售，渠以為本公司向不逃稅，不必蒙此微瑕，余乃急向馬氏表示同樣意見，渠始不堅持。與馬氏及周君商討修改下半年 Profit Plan 之有關問題，決定仍以最近所作 Cash Forecast 為基礎著手。葛副總經理出差，其所管趙總經理支票章及公司章交余兼蓋。

6月29日　星期二　晴陣雨
職務

聞將準備應於下月上旬辦理之薪資所得稅扣繳向稽徵處申報憑單手續，須每人填憑單一份，按每月數逐筆將一至六月份填入一張，其資料為上半年每月之 payroll 與一月所發去年獎金數製表，將七張分列之數併入一表，因待遇保密，須余自行填製。

6月30日　星期三　晴　陣雨
職務

本會計處工作重新分配與逐漸移轉已將次完成，今日月底大體上將明細帳工作由孔君移于君，傳票與審核工作由周君移孔君，周君則專負責辦理預算成本計算與月結製表等事。

師友

晚，周玉津夫婦來訪，談赴美考察一年，月初回台，在華盛頓過耶誕節，曾接受紹南招待云。

7月1日　星期四　晴
職務

趙、馬二總副理均出差，由葛副總經理代理，今日與余作長談，言外之意，對於半年來與美孚合作之種種變遷以及擴建以來百事待理，深為慨然，渠首述美孚種種紙面工作之繁鉅，無裨實際，次言自過去之無管理急應過渡至有管理，而成本分析與工廠資產之澄清，材料之手續，皆當務之急，最後囑余作改組前後費用之比較。

7月2日　星期五　晴
職務

填寫上半年各同仁薪資所得稅扣繳憑單，共計三十餘人，每人六個月份之收入，逐筆算出免扣點與扣繳率與半年扣繳數，此項資料由每月薪俸表而來，薪俸表上之所得稅欄六月相加數，每月解繳收據上數，與每人憑單上之總數三者應相互一致，但因有數人憑單上填寫時張冠李戴，經校正後始各相符云。

7月3日　星期六　晴陣雨
職務

因須趕製葛副總經理所需要之費用比較表，上午由于君據帳列成表內數字二欄，下午余仍到公司將表內兩個月份之有重大差異處加以說明，備星期一晨交卷。
娛樂

下午到中山堂看電影，片名「驚」(The Comedy of

Terror），情節荒誕不經，全無足取。

師友

　　晚，王慕堂兄夫婦來訪，囑解釋英文證券資料。

7月4日　星期日　晴

體質

　　楊天河醫師所配丸藥四週來已服完，今日起另服一種丸藥，每日三次，每次廿粒，期以半月，昨日渠謂余右鼻有小發炎現象，服藥可愈，惟月來分泌物始終甚多，僅嗅覺未失。

7月5日　星期一　晴

職務

　　上午，與宋作楠會計師事務所之蘇君討論其為本公司設計之各項會計程序，余所記要點甚多，因已匝月，多不復省憶，故只就其大者略加討論，彼只一份底稿，相約俟制度全盤實施後退回。下午參加業務會議，乃以營業為主，而旁及其他，與會計關係尤鮮。美國股東代表 Kinsella 函公司，指出三事，一涉會計，余為之譯出並加說明。

7月6日　星期二　晴

職務

　　趙廷箴總經理由新加坡回台，與公司高級同仁到機場歡迎。到交通銀行接洽進口器材貸款簽約事，並詢悉紐約之 Mobil 負責擔保百分五十一之通知已經到達台灣。

閱讀

　　擇讀 E. A. Johnson 作 *Accounting System in Modern Business*，首數章談設計原則與步驟，極多創見。

7月7日　星期三　晴
職務

　　開發公司進口機器貸款九萬元，原訂本年一月卅一日開始還款，但因彼時尚未支用，故順延至七月卅一日應開始還款，惟實際用款至現在止不過四萬元，且利息本應自去年七月卅一日開始，因至今年二月始開始付款，故利息已過二期並不支付，今日備函要求本息各延兩期開始還付，並將全程三年延為五年。

7月8日　星期四　晴
職務

　　到稅捐稽徵處辦理薪俸與租金扣繳所得稅申報，因有數人無區里鄰號數，及有兩張租金扣繳之報繳書以前經手人誤用扣繳憑單，代庫銀行不察，亦即受理，今日未能辦完，須補正後再辦。

7月9日　星期五　晴
職務

　　上午到合作金庫接洽，請其擔任為本公司向交通銀行舉借進口機器押款之擔保新台幣三十萬元，取來各項空白，並向該庫交涉將四、五兩月份誤用扣繳憑單格式向該庫解入公庫之扣繳利息所得稅，換發報繳書格式收

82　吳墉祥在台日記（1965）
The Diaries of Wu Yung-hsiang at Taiwan, 1965

據，幾經說明，始行照辦，下午到稅捐稽徵處辦理薪俸租金利息三項扣繳申報手續，昨日應補手續已補齊。

7月10日　星期六　晴

職務

上午到交通銀行送美金貸款合約，最初尚須補保證人之區公所印鑑證明書，後經說明，該行古副理認既有銀行擔保，亦即作罷。又到合作金庫送申請擔保交行貸款之契約。

家事

下午到台灣大學會同紹中為紹寧參加大學聯考陪考，今日為第二天，已畢。高注東兄子明一赴泰國轉美，下午來辭行。

師友

前數日趙葆全兄由 AID 所送之遣散人員名單中注意 Frances Cha 為在署作財務分析工作十年以上者，交行亦擬用此等人員，託探詢地址，余於詢到後，曾答趙兄，渠今日約其晤面，當照轉。

7月11日　星期日　晴

師友

晚，朱興良兄來訪，談由台中移居台北事又不擬積極進行云。

7月12日　星期一　晴

職務

　　稅捐稽徵發生本公司會計人員應報變更而未變更問題，與金君前往解釋，並將余此次變更之印函報，以前者再謀補救。

交際

　　晚，在中央酒店宴客，到王紹堉、趙既昌、馬兆奎、朱興良、張中寧、周玉津、徐一飛、董成器諸君，電話謝者邵光裕、趙葆全、侯銘恩、王慕堂，無反響者周天固、張敦鏞，席間西德特技表演，甚奇。

7月13日　星期二　晴

職務

　　所洽由合作金庫出具擔保信函並憑美孚公司所託花旗銀行出具信用狀擔保，向交通銀行借款進口機器一案，因今日合作金庫已將函備妥而全案手續於以完成，余今日到該庫送交擔保手續費每月千分之 $1\frac{1}{4}$，並將應交該庫之保證人各項手續大體補齊，只餘保證人開南姚心一君尚未到辦公室，尚略有待云。

7月14日　星期三　晴

職務

　　編製去年全年與今年半年間之比較財務分析，包括銷貨、銷貨成本、費用與純益、製造成本內容、製造費用明細、營業與管理費用明細，以及簡明資產負債表，幾項比率如流動比率、投資收益比率、每股盈餘金額等

項。晚與金、孔二君共同招待市稅捐處辦理藍色申報之
林君。

7月15日　星期四　晴
職務

　　起草對美孚所作月報表自本月份改變內容之說明，
及擬定一項季送概括損益表格式，備函美孚徵求其同
意。開始準備本月份薪資表，因本月人員與所得稅扣繳
方式均無變更，故較易處理。高雄廠支付運費每月在廿
萬左右，而廠內審核粗疏，亟待改進，囑孔君備函通知
加意辦理。

7月16日　星期五　晴
職務

　　到彰化銀行詢文化學院借款邀陳慶瑜部長轉託趙廷
箴總經理擔保事之責任情形，歸報後並代擬婉拒函。稅
捐處對本公司會計人員更迭未如期報備，認為不合，幾
經交涉，始決定將表用金君舊會計名義重送，余所報公
文則呈文聲明筆誤，以符期限。

7月17日　星期六　晴
職務

　　因藍色所得稅申報須在申請書上報會計人員簡歷，
更迭時同，而汪曉林君去年來任職時未報，余知應報
時，應在七天前，無辦法則倒填日期，稅捐處又不承
認，經交涉始允將到職日期改後十天，然傳票自到職蓋

起，今日乃將此一週內之傳票重新換過，由舊會計金君蓋章，另有三人加班將汪君任職九個月之傳票一概加蓋金君章。

7 月 18 日　星期日　晴
體質

楊天河醫師第二種藥丸兩週來已服完，三天前右鼻之黃鼻涕突然減少，只在晨間尚有少許，但有時由喉頭倒流，吸出後由口吐出，其情形與五月二十三日以前之喉頭梗塞又不相同，又發聲雖仍如感冒，但已大為減輕。仍每日吹粉藥入鼻。

7 月 19 日　星期一　晴
體質

續到楊天河醫師處治鼻，告以鼻涕甚少，而倒流則較多，仍診察並謂尚有小小未除者，乃續服丸藥半月，云是對於倒流有特殊功效者，今日開始，日服三次，每次廿粒。

職務

今日除將發薪冊複核並加總數後送銀行外，全部時間用於例行事務，此為日常狀態，每日回顧常不能確指也。

7 月 20 日　星期二　晴
職務

十七日所記藍色申報案之會計人員更迭問題，本已

無何問題，所以糾纏不休，殆稅捐人員襯托自重而已，不料本公司主持人及其他公司人員在外竟張大其詞，自相驚擾，且責會計人員之失，今日稅務人員且來電話請勿再張揚，真所謂庸人自擾之甚者也。

7月21日　星期三　晴

職務

由金君將藍色申報所得稅案內之抽換金君圖章部分表報送稽徵處，附送其所要民國50年之損益表，事先馬副總經理曾主張對稅務人員為免其吹毛求疵，不妨與談條件，庶可免於查帳剔除更多也。

7月22日　星期四　晴陣雨

職務

本週之頭寸甚緊，支付甚多，但尚有將近百萬元之定期存款，此項定期存款為各銀行推廣業務而設，必要時可隨時轉入活期開支票支用，因是與馬副總經理洽定暫時不借銀行透支，惟此項頭寸不裕之情形在最近恐不能轉變，將來仍不出借款之一途也。

7月23日　星期五　晴陣雨

職務

本公司之對紐約母公司方面英文文件，向由馬副總經理自行擬稿，今日余因擬定一項紐約所要求之報表格式而須備函檢送，且解釋本月份已送報表與規定內容有所偏差之處，擬函一件，雖大體通順，然終非如彼之

外國文字可比，不料馬君極其客氣，一字未改，即行繕發，亦意外也。

7月24日　星期六　晴
職務

月初申請中華開發公司延緩借款償還期一年，改全期為五年，今已復函同意，對公司財務壓力放鬆不少。

娛樂

晚，同德芳看復興劇校表演，葉復潤八義圖，王復蓉散花，張復華泗洲城，甚好，尤以末齣為精彩。

7月25日　星期日　晴陣雨
閱讀

讀 H. Bierman Jr.: *Financial and Managerial Accounting: An Introduction*，此書與近年所讀同類書籍頗多異同之處，此蓋因此二部分會計理論之範圍並無一致之規定，作者得各就所長，任擇其重點而發揮之也，本書作者對於第二部分之成本分析，盤存方法等，俱有獨到之處，凡讀此類書，未可以一眩全也。

7月26日　星期一　颱風
職務

舉行七月份會報，此為余到公司以來之第一次，余分財務、會計兩部分報告，並鄭重提出希望各部門更進一步的合作供給資料，以便在成本計算方面有更精確的結果，最後因工程與業務方面之討論事項，余發覺各部

門之間頗多不甚協調之處，會後在中央酒店聚餐。

7月27日　星期二　晴
旅行

下午四時四十分由台北乘觀光號火車南下，同行者袁慰亮副廠長與呂主任工程師，十時四十分到達高雄，廠會計課長朱慶衍君來接，此為余初次在台達公司出差，因會計工作外尚辦財務，故一再延期始來。晚住勝發旅社，已年餘未來。

7月28日　星期三　晴
職務

全日在工廠工作，首由袁副廠長偕同參觀各項設備，以明生產程序，然後與朱慶衍會計檢討會計問題，今日費時較多者為關於廠內各項日報之產生問題，曾將工作人員原始記錄加以檢查，其報表上生產數字，以及原料用存，皆有依據，而成本之存量則因送貨關係，在各表上不相一致。

7月29日　星期四　晴
職務

全日在工廠檢討當前問題，一為未完工程轉入固定資產問題，由於本月份電木粉即須計算成本，故決定先將此一新工廠之支付數截至上月底數作為本月份折舊基礎，同時將房屋折舊按各廠面積均攤，二為製造費用均攤比率與基礎，已逐一獲得結論，今日與朱君及袁副廠

長三人作此決定。

7月30日　星期五　晴
旅行

上午九時廿分由高雄乘觀光號火車北返，十二時半到台中，赴北溝看故宮博物院展覽，有明人書「敖不可長，欲不可縱，志不可滿，樂不可極」極佳，回程乘三時五十分觀光號續行，六時三刻到台北。台中火車票係依高雄東南旅行社代為函託保留者，余自函台灣旅行社，往詢則不得要領，服務精神不同也。

7月31日　星期六　晴
師友

晚，同德芳到蔡子韶君處託為紹中擔任出境保證人之一，又訪廖毅宏兄，亦為此事，但不遇，將保證書留請辦理。同德芳訪周玉津教授，見其在華盛頓與紹南照片。
家事

下午，姜慧光表妹來談其辦理赴美手續進行情形，外交部請護照約十日左右，將託余協助。

8月1日　星期日　晴
慶弔

本公司董事長趙廷箴母喪今日開弔，余任招待，上午在大門約立三至四小時，甚灼熱，地為市立殯儀館，十二時前皆為弔祭，十二時移靈於後院，弔客甚眾，輓幛與花圈約三數百件。

8月2日　星期一　晴
職務

因進口 Phenol 而向華僑銀行商作 Usance Credit，其保證為由合作金庫出具保證信函，今日余到合作金庫接洽，原則同意，歸辦公函及委託保證借據之蓋章，因中文打字太慢，直至傍晚始妥，須明日始送出矣。馬、葛二副總經理因暫付款問題發生歧見，余為調和，無結果，蓋均有成見也。

8月3日　星期二　晴
職務

續到合作金庫接洽為華僑銀行保證進口 Phenol 事，借據與本票俱已到齊，一同送往，因借據另加附屬條款未有蓋章，故又二次請保證人蓋章。
交際

馬賓農副總經理在寓請全體同仁吃飯，飯後有推牌九者，有看電視者，亦有外出看電影者，余早歸。

8月4日　星期三　晴
職務

　　北市稅捐稽徵處派朱君來查核本公司所報於六月七日改換會計人員，嗣又補報六月七日乃十七日之筆誤，其所查為傳票上之主辦會計蓋章是否為十七日始由余蓋，因事先已均由前會計在十天傳票上加蓋各章，故均相符，並索說明會計人員職責，以明只能由傳票蓋章證明，辦妥後並與林君約其晚餐。

8月5日　星期四　晴
職務

　　由周、朱二君偕同辦理上月份成本計算，因電木粉方有出品，成本計算方式不同，致有若干細節問題，二人常有爭執，余須為之調和，亦是苦事。以 Usance Credit 進口原料甲醇一千噸，由華僑銀行承辦，今日已經結匯，合庫擔保。

8月6日　星期五　晴
職務

　　去年營利事業所得稅藍色申報正在審查。

8月7日　星期六　晴
職務

　　稅捐稽徵處囑開送去年之其他收入內容，余最初擬由帳上抄出，但帳上所記全為若干轉帳而來之抽象數字，所有轉帳分錄，全無摘要，函約前會計主任汪曉林

君來，查其所作之 work paper，一連兩天亦因無摘要而
亂猜不中，最後始用電話詢曾查帳之蘇因遮會計師查其
紀錄而獲悉，甚矣摘要之重要也。

8月8日　星期日　晴
家事

紹中、紹寧、紹因、紹彭因賀父親節，贈余手帕及
化妝品等。為獎勵紹寧考取大學及紀念紹中與童紳之不
久出國，晨在金城菜館全家吃早點，惜點心種類太少。

交際

彭善承為子授寶，下午往賀，事先並送花籃。

8月9日　星期一　晴
職務

上月份因成本計算多出電木粉與其副產品之木粉與
Novalak，至今日始行結出，其中主要產品因福美林產
量特少，致單位成本由每公斤二元三角增至二元九角，
而電木粉成本為十二元預算，今日結出為十一元，雖不
甚正確，然大致不致超出預算之成本也。

8月10日　星期二　晴
職務

為準備編製明年度之 Profit Plan 與 Capital Budget，
將今年度之同樣有關規定取出加以研究，並以上與今年
編製方法之規定加以比較，以明重點不同，而於取捨上
有所抉擇，另則轉洽有關單位如業務工程等部分，請準

備初步之資料，據馬副總經理云，預定二十三日即須完成云。

8月11日　星期三　晴
職務

　　本月應送紐約之七月份會計報表今日周君將草稿送余，因此次須依最近所定新格式附送 Income Statement 及五、六種附表，完成較遲，又因周君無正式之 work paper，故余在複閱時特別費力，而為增進了解，余又甚願以猜測方式知其作法後，判斷其優劣也。

8月12日　星期四　晴
職務

　　審閱周君所編致送紐約之月報表，略有修改，並擬具說明函一件，備馬副總經理明日由高雄北返後即行發出。到合作金庫洽辦信用借款三百萬元，俟其呈報總庫即行支用。

師友

　　訪潘銘甲君，談紹中出國美大使館簽證事。王培五、陳崇禮二女士先後來訪，各有餽贈。

8月13日　星期五　晴
職務

　　上月份之應送紐約財務報表昨日辦就，今日馬副總經理由高雄歸來，將余預擬之說明函件修改後即行發出。此事甫畢，馬君即催周煥廷君速作成年度之 Profit

Plan，因而言語發生齟齬，亦怪事也。

8月14日　星期六　晴
職務

開始籌劃明年 Profit Plan 之擬編，並先與營業部分交換意見，彼方星期一可將資料提出，至於會計處本身者則只有財務部分，余已蒐集資料中。

師友

晚，同德芳到張中寧兄家拜訪，不遇，意在道謝其曾來以鞭炮慶祝紹寧考取台灣大學。

8月15日　星期日　晴
體質

鼻疾經楊天河醫師治療，已兩個半月有餘，現在服第四劑丸藥，每日三次，並每日到其診所吹藥粉一次，現在鼻腔已經正常，但黃鼻涕倒流現象不愈，嗅覺時好時壞，不知問題何在。佈道之黃君昨日來訪，知余鼻未痊癒，乃為余作禱告，今日情況略佳，果有神助歟！

8月16日　星期一　晴
職務

稅捐稽徵處在審核藍色申報中發現本公司去年逐月報繳之營業稅額高於帳列之營業額，囑開列對照表，予以說明，經核該處所開報繳額有誤，本公司又有沖帳等原因，以及特別原因之存在，如客戶來料加工之原料亦須開入發票等，因素甚多，囑孔君開列中。晚，在馬副

總經理家商討明年預算，在座吳、周、貝君等人。

8 月 17 日　星期二　晴
職務

　　下午到稅捐稽徵處送營業收入分析表，據林君云，53 年度所得稅藍色申報已可憑書面審核結案，其中只餘退休金一項，須有政府核准手續，否則不予認定，據公司中人云，此次所得稅為歷年來少有之困擾不多者云。

8 月 18 日　星期三　晴陣雨晚颱風
職務

　　本公司去年地址為南京東路，依規定移址須於半月內辦營業變更登記，一月內辦藍色申報變更登記，但因公司登記發生外資連帶問題遲遲未准，致按新址辦理前兩項登記（向市府及稅捐處）亦延滯不能進行，故稅捐處在形式上仍作為對南京東路行文，今日因本公司一項圖記問題，余到該處持舊章往換具一次。

8 月 19 日　星期四　晴陣雨
職務

　　稅捐稽徵處發覺本公司藍色所得稅申報內附表製造費用明細表所列折舊與財產目錄之本年折舊額不符，余與周君均查核不出，適以前主辦之汪君來此，彼乃窮一日之力，始稍得眉目，蓋為增提折舊逕入本期損益未經製造費用科目，及折完財產未列財產目錄之二因素交互作用而致云。

8月20日　星期五　晴

職務

昨日所送稽徵處之折舊解釋表，因林君又根據前年與去年兩年之折舊準備所增加額，以推斷當年折舊費用應為若干，以與昨日所得之實際折舊費用數相較，又有一項差額，經余核對結果，乃因報廢資產與折舊準備帳對轉之結果，遂另作解釋表一張送該處，與前一解釋表相對照。

交際

晚，AID 同仁劉允中等人約宴，皆舊同人。

8月21日　星期六　晴

職務

上月盈餘不多，Mobil 代表 Kinsella 來信責難，余代馬副總經理擬復，今日發出，尚能就事論事，不卑不亢，馬兄甚心許。

體質

第三次丸藥服完，今日起只每日到楊醫師處吹藥粉。

8月22日　星期日　晴

集會

上午，出席國大列席代表同仁會議，共同具名向中央黨部陳情，請速解決此項不合法不合理之列席代表問題。

家事

因紹中出國而來訪者有張中寧兄夫婦、朱興良兄、

佟志伸兄、王培五女士等，余與德芳作晚曾率紹中訪許
東明教授，如雲黃船長及廖毅宏兄，廖兄今日來答訪。
德芳、紹中又曾到其他友人處。

8 月 23 日　星期一　晴
職務
作成明年 Profit Plan 資料 Schedule of Loan Repayments
and Interest Payments。
交際
午，佟志伸、朱興良邀宴，為紹中餞行赴美。
旅行
晚十時半，同德芳乘夜車送紹中赴高雄，來送行者
有張中寧夫婦及紹中在台大同學十餘人。

8 月 24 日　星期二　晴
家事
七時到高雄，即赴中國航運公司詢如雲船時間，待
至十時在第三碼頭檢查書籍行李，遂轉赴第十碼頭上
船，船長黃先生並分邀余與德芳到船上看紹中房間，黃
氏為之安排住於頭等，備極舒適，十二時半開行，余與
德芳於揮手酸鼻中返高雄。
游覽
下午同德芳遊西子灣，盤桓半天，頗多閒趣。

8月25日   星期三   晴
職務

上午到工廠與袁、朱二君交換若干會計財務方面之意見，並參觀正在建設中之 Polystyrene Fabrication 機器 Injection Molding Machine。

旅行

下午四時半同德芳乘觀光號火車由高雄北返，十時半到台北。

8月26日   星期四   晴
職務

撰寫本月份工作報告，以便提出於下星期一之業務會報，此報告分財務與會計兩部分，並附損益與各類費用七月份預算與實際比較表。

交際

晚，與朱興良兄約佟志伸兄及其長女在素菜之家便餐，為其女餞行，定廿九日赴美。

8月27日   星期五   晴
職務

為解釋去年所得稅藍色申報中折舊數之變遷，前任會計汪曉林君再來，彼云前言為將此項多提折舊歸入本期損益一節（見 19 日記），實為前期損益之誤，此語可以說明資產負債表與損益表之淨利數不受影響，余認為合理，下午另製說明送稅捐處換回舊送，該處林君之會計知識甚佳，亦表滿意。

8月28日　星期六　晴

職務

　　到市政府接洽營利事業變更登記事，緣本公司之共司變更登記十九日換發執照後，應於半月內辦理營利事業變更登記，其申請書內所載各項多有不明者，經詢工商科陳君始知何者應填，何者不填，因新址在同一稅區，故附件亦少送。

娛樂

　　下午同德芳看電影「昨日今日明日」，蘇菲亞羅蘭演，平平。

8月29日　星期日

師友

　　下午，同德芳到敦化南路訪劉允中主任，因其由和平東路移居於此，尚未訪問，故持贈花瓶一對，又劉君曾於紹中赴美以前來贈物品，適余與德芳均未在，尚未答謝。劉君今日見面談現在美援公署情形甚詳。

8月30日　星期一　晴

職務

　　舉行業務會報竟日，余提四問題，一為應收票據如何提倡本票，以免貼現，二為對外接受調查應如何統一應付，三為各項專款提撥案如退職金、退休金、服裝費、福利金、年終獎金等之澄清，四為費用預算之執行問題等。晚為明年預算及稅捐處事加班至深夜。

師友

下午，李德民君來訪，談所服務之漁業公司將移交。

8月31日　星期二　晴

職務

所作明年度 Profit Plan 由周煥廷君主辦，今日為交卷之限期，工作至夜分，中間因趕工發生計算錯誤，將錯就錯，為改易較簡，將其中一項銷貨數字加高。

交際

晚，參加由董律師出面邀請稅捐處人員於國賓飯店，目的為疏通十噸福美林機器報廢事。

9月1日　星期三　晴
職務

Profit Plan 於今日上午完稿，余並加寫 Major Factor of Changes - Return of Net Investment。下午因發現錯誤，改正重打，致入夜又加班。稅捐處發現去年製造費用與營業費用同列一筆攤提，約前主辦汪君來查核，仍未能自圓其說。

業務

因專任台達，函會計師公會退會，已十餘年矣。

9月2日　星期四　晴
職務

明年 Profit Plan 又因須計之 Gross Investment 發生低列之錯誤，乃會同周君改列改印，忙中有錯，馬君故未深責周君也。上下午均與汪君到 Sycip 會計師事務所核對製造費用重列問題，內容甚微妙，至晚尚無結果。

9月3日　星期五　晴
職務

去年所得稅藍色申報核帳工作於今日再赴 Sycip 會計事務所查核製造費用之差額問題，前會計汪君同往，余已知其基本原因為採用會計師之調整分錄而未經過適當之會計科目，亦即以銷貨成本代製造費用，致製造費用明細表為調整前之數字，下午汪君草擬調整說明表，余擬文字說明。

9月4日　星期六　晴

職務

到稅捐處送製造費用重列分析分表，因內容複雜，經與林君說明後，彼只大概了解，然知其中並無實際重複，乃決定由本公司另送一調整過之明細表，抽換舊表。

娛樂

下午同德芳到中山堂看電影，張美瑤主演鳳鳳，為一輕鬆諧趣之喜劇，除穿插略有瑕疵外，全片甚好。

9月5日　星期日　晴晚雨

瑣記

收音機使用已五、六年，尚無大的故障，最近因控制度數之轉輪失靈，左轉與右轉常在略有距離之兩個度數上尋得一個週率，今日忽又距離大長，送店修理，修好後者，而前者之缺點依然，謂須換一輪子，但所用7.5輪現甚難配云。

9月6日　星期一　晴

職務

將上週稅捐稽徵處洽允改製之製造費用明細表於今日製就，在編製中發覺汪君在計算中又略去一項數字之加減，幸因數日前方查核此帳之內容，留有印象，否則又將蹈數日來之故轍，百般求證而仍莫明所以矣，此人之喜走捷徑，可謂極矣。

9月7日 星期二 晴
職務

　　上午，與金毅君到稅捐稽徵處送重製之製造費用明細表與營業費用明細表，以為此為去年度所得稅藍色申報查帳之最後一次，不料下午審核員林祝額又來電話，謂新製造費用明細表上之折舊費有所增加，折舊費乃不久以前方始解釋清楚者，如此又入迷途矣，下午乃查核有關資料，尚未獲得結論。

9月8日 星期三 晴
職務

　　擾攘近兩月之去年藍色申報所得稅案，今日告一段落，上午約前會計汪君會同草擬昨日所生折舊差額問題之解釋，並立即送稅捐處主辦之林君，彼初對此項差額之一千五百餘元表示不夠清楚，意欲剔除，余亦因汪君之差額實非恰為此數，接受其剔除，但晚餐約其吃飯，彼又謂已予接受云。

9月9日 星期四 晴
職務

　　上月份報表今日大體完成，乃依據其內容草擬兩件 Comment letter，一件為 Profit 情形分析，縷述銷貨、成本、毛利、淨利等情形，二件為 Capital Expenditure Schedule，說明資本支出之累計情形，余並為此填成一張分計劃之明細表，作預算與實際之比較，以作每月辦有關函件之參考。

9月10日　星期五　晴
職務

應送紐約與東京之月份報表於今日趕就，余所擬 Comment letter 亦將內容略加潤飾，其中有一數字誤寫，未知其所以然之故，殆昨日傍晚趕寫時無心之錯。今日為中秋節，下午自由早退，余因事未畢，只早退一小時。

9月11日　星期六　晴
職務

本公司財務情形日見緊張，原因為：（1）新計劃 Polystyrene 與 Polystyrene Fabrication 將近完成，支付頻繁；（2）上半年進口機器原料等下半年均開始還款；（3）下半年銷貨情形出乎意料之逆轉，無法增加收入；（4）新產品電木粉銷貨情形更不佳；（5）同業競爭太劇，收款對客戶不能催索太嚴。

9月12日　星期日　晴
體質

半月來之治鼻丸藥又於今日服用完畢，且每日均到楊天河醫師處吹入藥粉一次，但情形似乎變動太少，半月來仍然由喉頭排出黃粘液，尤以上午為甚，又晨起約一小時餘無嗅覺，直至早飯時始漸漸恢復味覺，此皆半月前之情況也。

9月13日　星期一　晴
職務

通知高雄廠從速整理固定資產，並將舊有資產目錄加印副本隨發，此事之所以重要，乃由於舊廠遷來新址，何項資產尚存，何項已亡，原因何在，至今尚未有澈底查核，會計人員認為工程人員不肯合作，工程人員則以為事不干己，但此事決不宜再延也。

9月14日　星期二　雨
職務

趙總經理廷箴語余，因台達較簡單，華夏新創，望余協助，余允與該公司會計隨時聯繫，旋馬副總經理賓農又語余，趙氏曾主余到華夏主辦會計，馬氏初允考慮，後表反對，謂余在台達三個月工作極得好感，但雖已就緒，然進一步工作仍望余能擔當，余對馬氏之讚美表謝意，並謙稱僅免過耳。

9月15日　星期三　雨
職務

填送中華開發公司 DLF 放款月報表，因須調整以前汪君所填之不正確數字，故本月份發生數係因結果而求原因，使其累計數得與實況相符，至於獲得此項結果有一調整過程，則作 work sheet 一份，以備存查。
體質

鼻疾未愈，繼續取服丸藥，並至楊醫師處吹藥。

9月16日　星期四　晴
職務

　　藍色申報登記事項有變更時須於一月內向稅捐處報
備，本公司由南京東路移中山北路已遷一年，上月十九
日公司登記變更執照始發下，為時已將一月，原期待營
利事業登記新證發下後，連該項號碼一併報備，但遲至
今日已半月尚無消息，以電話詢問不得要領，為免誤期
受罰，乃於今日先辦理移址報備手續。

9月17日　星期五　晴
職務

　　準備本月份 payroll，因本月份有數人報支加班費，
於是所得稅不同，淨發額亦不同，又有一人正式任用，
待遇略增，故為免於錯漏，乃先將此等與上月數不同之
人員先行填入，然最後 cross footing 竟不能相符，幾經
核對，始發現係改支待遇之一人之淨發額誤用上月額，
甚矣避免錯誤之難也。

9月18日　星期六　晴
師友

　　李德民君來訪，談其辦理會計之中國漁業公司已決
定移輔導會主管，正忙於處理移交之方式，大體上分為
新舊兩段，各自辦理清理與繼續經營，其本人將屬於前
者，將來或資遣或由經濟部會計處另調工作，須三數月
後再定云。

9 月 19 日　星期日　晴
職務

　　馬副總經理賓農派車來接，到其寓所洽談公司財務與會計之一般情況，主要為彼主張將折舊延緩，以期將盈餘加大，又主張採標準或估計成本制度，以免現在所算單位成本有失之過大過小之波動情形，最後由所作明年度之 profit plan 發現有不切實際之處，希望再加檢討云。

9 月 20 日　星期一　晴
職務

　　現在公司除每月最後之星期一有會報外，其餘之星期一亦有小型業務會報，但以工程與營業為主，但亦通知余往參加，余今日即為初次參加，所聽者與所談者均有綜合性的關係，主持人馬副總經理事事皆異常細緻，自誇對工程細節比總工程師所知為多，然又自稱並非必要云。

9 月 21 日　星期二　晴
職務

　　前會計主任汪曉林允改就工廠臨時工作。

9 月 22 日　星期三　晴
職務

　　參加本公司與三家保險公司之共同談話，決定新廠址之投保火險問題，緣此間保費均在千分之十以上，

經其中一家友聯覓得海外一公司轉保，可降低至百分
之 .55，然後太平、中國始就範參加，此一舉措為公司
省費約美金每年五千元云。

9月23日　星期四　晴

職務

　　為新產品電木粉即將外銷，須申請原料退稅，乃先
就財政部公報及其他資料調查是否已有退稅標準適用於
一切工廠，但無結果，託朱興良兄介紹關務署人員，彼
只詢賦稅署陳少書兄，允協助，余乃於下午訪朱、陳二
兄於財政部，承陳兄以電話轉介退稅小組周秘書，約定
明日往晤。

9月24日　星期五　陣雨

職務

　　辦理電木粉外銷退稅，今日始訪關務署周秘書查得
以前公布之退稅標準，計到該署二次，幸蒙不憚繁瑣，
將文卷查出，蓋此為唯一之方法將公報未列之退稅案查
出也。到合作金庫請為擔保向交通銀行借外幣貸款，但
該庫頗有難色，余不知其真正原因何在，是否鑑於本公
司業務略遜於昔之故。

9月25日　星期六　陣雨

職務

　　本公司應付義大利 Polystyrene Know-how 費第三期
應於月底支付三萬元，其方式為由交通銀行借款內支

付，除花旗銀行保證部分外，據今日交行負責人電話云亦希望由合作金庫擔保，今日即本此意對該庫行文，又交行云，下月即須開始第一次還款，渠認為應為貸款總額之十分之一，非已付額之十分一云。

9 月 26 日　星期日　晴
娛樂

小大鵬星期平劇公演最近已恢復，並改在國光戲院演出，今日下午往觀，由王鳳娟主演生死恨，此劇乃一悲劇，小大鵬前曾一度改為喜劇，名為韓玉娘，今日仍為悲劇，氣氛至佳。

9 月 27 日　星期一　晴
交際

晚，參加美援公署同仁十餘人歡送葉于鑫君赴越南之餞行宴會，據葉君云，何時動身前往似尚未定。
職務

上午舉行每週一次之會報，由馬副總經理主持，其中所談多半為工程方面之問題，涉及財務者，只有電木粉與聚苯乙烯加工品之外銷退稅問題。

9 月 28 日　星期二　晴
譯作

今日放假，利用時間將「美國中期及短期農業合作貸款」一文譯成一半，此為此一系列文字之第四篇，前三篇均已印出，自夏間至今已四月未動，合作金融月刊

不久必將催稿，故須早作準備，今日已譯成者為該文之前半關於生產信用合作社者，共五千餘字。

9月29日　星期三　晴陣雨

職務

向合作金庫貸款保證一案，今日已將公文送往，並以電話接洽，該庫本謂其總庫對於保證業務不擬再辦，但今日馬副總經理與其總經理王鎮宙通電話，又謂無何問題云。本公司向該庫曾立各董監事聯保之承諾書一紙，其中須各自以簽字對保蓋章，趙總經理太太始終未獲對保，今日取來印鑑證明書送代。

9月30日　星期四　晴

職務

起草本月份工作報告，提出於下星期一之每月會報。今日著孔君到彰化銀行匯款二百餘萬元至高雄，該行以電話要求存入該行一天，以增加其月底存款餘額，在獲允明晨即行電匯之條件下允如所請，此亦拉存款之別開生面者也。

10月1日　星期五　晴
職務

審查高雄廠所擬之材料管理規則，並以會計師所擬有關之會計程序予以核對，其中差異之處以工廠所需要者加以修正，大體上已經審查完竣，但其中尚有若干手民之誤，亦有若干其他錯誤，無由改正，當俟高雄廠來人時再行予以改正矣。

10月2日　星期六　晴
職務

與馬副總經理開列此次由友聯、中國與太平三家承保之財產，並面交友聯來人。本公司財產約美金一百萬元，但因一部分未完工程尚未轉財產帳，一部分為開發公司押品已由中國產物保險公司承保，故今日決定先行投保二千三百萬元台幣，合美金五十七萬五千元云。

10月3日　星期日　晴
譯作

譯美國農業信用管理局 1963 年業務報告第四篇後段，即中期信用合作金庫之概況，此部分已告完成，全篇連 28 日所譯共為九千字。

瑣記

理髮時，用美原藥水染白為黑，因塗後延誤太久，致頭皮亦黑，力洗不退，只好待其自然消失，乃生平少有之經驗。

10月4日　星期一　晴夜雨

職務

下午舉行會報六小時並聚餐，余代表會計處提出討論事項二件，報告事項用書面。前會計主任汪曉林改任高雄廠幫辦會計，今日廠會計朱君來會辦決算，約二人會談將來工作。

瑣記

今年庭前曇花二次開，仍一朵，嬌甚，惜只一晚耳。

10月5日　星期二　晴

職務

因昨日半天開會，今日雜事待理者特多，況又月初須辦上月結算，全部同仁亦皆忙迫不堪，余今日最重要之事為安排資料與進行方法，備高雄廠會計人員後日回廠後，得以立即從事於固定資產之整理，以期在年底以前完全就緒，此事又與每月所作之 Capital Expenditure 表及未完工程帳有牽連關係，故計劃時甚費周章也。

10月6日　星期三　雨

職務

公司現欠合作金庫三百萬元，現因一週內無重要用途，而現款有一百六十萬元，馬副總經理主張先還合庫一百萬元，一週後再向其他方面借入之，如此每天省利息四百三十元，七天即為三千元，如此自可發揮資金之最高效率，今日余先詢明華夏薛君，彼云週後可借一百萬元，余即於今日下午先還合庫一百萬元。

10 月 7 日　星期四　晴

職務

余於成本會計無實務經驗，同仁中有曾從事者，但又不完全適於今日台達公司之現制，因而甚多困擾，按現制為將全月發生之製造費用悉數分配於當月產品，其中間接費用經一而再之轉分配，即脫離原付費用之屬性，本月份又因電木粉工廠停工甚多，按產品比例，提出一部分為停工損失，而製造費用明細表無法分清矣。

10 月 8 日　星期五　晴

職務

合作金庫黃經理來談關於申請該庫擔保事，仍希望提供象徵性的證券，以符合其形式規定。

師友

王慕曾兄來訪，為其女在美將以美援在台灣為題作碩士論文，商洽如何著手蒐集資料。

10 月 9 日　星期六　晴

職務

晨到辦公室特早，並將上月份結算表複核一過，於中午後付郵，並草擬送文之函二件，此次之 Capital Expenditure 表，已超出預算項目太多，依馬副總經理意思，先改成不超過，然後徐圖調整帳目，此為極抵觸會計原則之事，然又無法可想也。

娛樂

下午再看尤敏彩色片「深宮怨」，已不若前次之受

感動。

10月10日　星期日　晴

國慶

今日未閱兵，只有民眾大會，學校方面則紹因參加北一女中之荷槍表演，整天未歸，若干單位補假，工商界多未也。

娛樂

下午看小大鵬平劇公演，朱繼屏打櫻桃，陳家凱林沖夜奔，邵佩瑜、崔復芝硃痕記，均佳。

10月11日　星期一　晴

職務

紐約會計師 Arthur Young 所委託此間 Sycip & Soong 之查帳員蘇因遮今日來開始查今年之帳，因須於日常工作之餘為之解說並討論一切，益顯工作之忙迫。

閱讀

讀 *Holmes: Elementary Accounting* 尾有關成本會計之兩章，因其注重梗概，故讀時比成本會計專書易於脈絡分明。

10月12日　星期二　晴

職務

今日將本年第三季財務報告擬就寄出，此項報告含有資產負債表與損益表及盈餘分配表等。下午，舉行例行之會報，多為工程與業務方面之事，有關會計者

較少。

集會

晚，在經濟部出席經濟座談會，由商業司長武冠雄報告澳洲概況，甚為扼要。

10 月 13 日　星期三　晴

職務

一週來因為省一百萬元之日息四百三十元而將庫存降低，感覺頭寸極缺，而應收帳款上月底又打破紀錄而達一千一百萬元，而限於對顧客之客氣，及客戶之困難（如開南木業欠二百萬元，已四月未還，尚在增加，因財務困難之故）又不能嚴格催收，支應張羅實煞費周章也。

集會

到美國新聞處聽 Wright、Shelby 與 Park 三教授之英文教法新趨勢演講，口齒皆清楚，內容甚淺顯。

10 月 14 日　星期四　晴

職務

數日來對於成本計算發生間接費用 unabsorbed 部分能否逐項認清一問題，查書始終未獲解答，記此存疑。

師友

晚，張磊來託為其擔任去水泥公司任職之保證人。

10 月 15 日　星期五　晴

職務

　　Sycip 之查帳員極繁瑣，現在查七月份各帳，一人逐日看傳票，一人從傳票發掘問題，今日提出資產帳內不能夾費用問題，亦是老生常談，易說難做，又對於七月份之銀行往來帳，除核對銀行支票存根與對帳單外，並將赴銀行核對註銷之支票，余今日往與合作金庫約定准其到該庫查核該項支票。

10 月 16 日　星期六　晴

職務

　　重作之 1966 Profit Plan 原擬下星期一寄出，因打字即須半天，而上午余始閱完也，但馬副總經理因須經東京轉紐約，而本月 25 日限期實不甚寬，乃臨時決定於今日下午趕成，經於六時完成即行付郵。

10 月 17 日　星期日　晴

體質

　　數日來小腹時有痛疼之感，初以為係膀胱或有關器官，後口腹有脹感，又認為係大腸消化不良，服食表飛鳴二次，尚未見效，此痛疼感為向來所未經，有似腰痛，彎腰時較甚。

參觀

　　到華南銀行看蘭花展覽，洋蘭雖多，然出色者無多，出色者為萬代蘭與素心蘭，滿室幽香，不知者以為大花所發也。

10 月 18 日　星期一　晴
職務

準備後日發薪，今日為必須將薪俸表編成之最後一日，過去經驗倉忙中常有錯誤，費去許多校對時間，今日尚一切順利，半日而就。上月梭管成本係用全月累計而得，蓋月初不及用分批法也，今日馬副總經理閱成本表，發現用料有不符事實之處，大約係未將用餘之料除去，以領者為全用，須加糾正焉。

10 月 19 日　星期二　晴
職務

下午，照例舉行業務會報，但涉及會計事項極少，余只在觀察員地位，得以知其若干業務進行概況也。
體質

余之下腰痛，經自己認定為午睡時在沙發上腰部懸空之結果，昨日起貼敷沙龍巴斯，略見好轉，又午睡經德芳為備墊蓋物，已不虞懸空或受寒。

10 月 20 日　星期三　晴
職務

本公司舊廠移新廠本有一計劃，其中有資產轉出，亦有費用支出，前數日查帳人員指出有兩項移廠支出轉作資產，實為費用，今日將內容加以審核，並與工程人員交換意見，以證其中之一確為費用，另一則在審核查詢中。

10月21日 星期四 雨
職務

本公司之財產向無分類標準，前經決定由余草擬，余因無資料可據，託李德民君借到行政院公布之公務機關財物分類標準，但其範圍甚廣，尤其機器一項，係按製造品種類劃分，故全書洋灑浩瀚，得用於塑膠業者，竟只有 PVC 一種，因又商之工程人員，彼等亦不甚得要領云。

10月22日 星期五 晴陣雨
職務

高雄工廠所擬之材料管理規則今日全部印製完成，當送主管之葛副總經理核定後，即發送高雄廠實施，其中附件有七種，此次印入二種，另五種須將已印成之格式由廠方調到裝訂入內，故在發廠十冊之文內聲明附件請補附，而公司各部門則尚未分送，待高雄之印品到來也。

10月23日 星期六 晴
體質

下午，到聯合門診中心先看內科，由孫同書醫師診斷，驗大便後，無蟲卵，只有消化不良現象，配藥三種，其中含表飛鳴，皆為一週量；繼看外科，許光鏞醫師將余右拇趾之嵌入部分剪去，頓覺舒展，至腰間之皮膚紅癢，謂係癬類，配褐色藥水一種擦塗，並服藥八片，似係消炎片。

10 月 24 日　星期日　晴
譯作

譯美國農業合作制度 1963 年度報告第五篇，題為「美國的合作金庫」，計共五千餘字，此為此一系列文字之第五亦即最末一篇，因受台灣合作金庫委託譯述，須趕時間也。

10 月 25 日　星期一　晴
體質

今日為光復節，休假一天，余因略有不爽，在寓休息，蓋自十餘天來腰痛腹痛以來，直至前日始獲就醫，並按處方服藥，未見好轉，今日小腹之陣痛始終未止，且大解二次，完全消化不良現象，為減輕腸胃負擔，不多食油葷，且以蘋果補腸，至晚略覺舒適。

10 月 26 日　星期二　晴
職務

下午參加週會，此會所討論者以工程與業務為主，但由此亦可獲知業務全貌，今日討論中心為電木粉之推銷技術，又因聚苯乙烯下月應市，亦涉及初期之推銷技術，並決定為打開市場，初期不必為求盈餘之多，此事導因於紐約方面對於電木粉之未能照預算銷售，引起激烈之爭辯。

10月27日　星期三　晴

職務

　　草擬將提出於下月一日業務會報之資料，仍分為財務與會計兩方面，以會計方面資料為多，最後提出討論事項一件，即有關舊廠移建後之滅失資產經初步查定後應確定清理銷帳及處分辦法。稅捐稽徵處對於去年所得稅結算申報又提新問題，余囑汪曉林君擬資料，以作答復。

10月28日　星期四　晴

娛樂

　　晚，同德芳及紹寧到大世界看電影，為米高梅出品 The Wonderful World of Brothers Grim，由勞倫斯夏威主演，寫格林兄弟如何完成其若干童話故事，以二兄弟與其故事熔成一爐，極為感人。

10月29日　星期五　晴

職務

　　到稅捐處送其前日所要之解釋資料，因主辦之林君主張解釋應簡化，其目的在應付核稿人，不使再多生枝節，故對於本公司所為之較豐富之解釋認為應刪去甚多，結果變成有隱藏事實之處，例如彼謂利息支出可解釋為全為營運資本之利息，不含添置固定資產成分，故為十足費用性支出，即其一端也。

10 月 30 日　　星期六　　晴

職務

本公司財務情形最緊張時期似已過去，因兩月來銷貨情形不惡，而未完工程之需要用款處亦近尾聲也。

師友

下午，到榮民總醫院看李公藩兄之病，據云此次經醫師檢查斷為食道生瘤，切片檢查下週始有結果，本定下星期三開刀，又因心電圖顯示情形，不無顧慮，故尚未定云。

10 月 31 日　　星期日　　晴

慶弔

今日為蔣總統七十九生辰，各方同申慶祝，余到政大同學會及國民大會兩處簽名祝壽。

師友

晚，同德芳訪原都民小姐，贈水果與果盤，為其子七歲生日禮。下午，馬麗珊女士來訪，贈水果，據云自脫離石門水庫後，新工作至今未有確定。

11月1日　星期一　晴
職務

　　舉行本月份業務會報，因問題過多，而又為細節，故費時五小時始畢，其中涉及會計方面者為舊廠資產清理已得初步結果之進一步如何列帳問題，只交換意見，尚未得到結論也。

11月2日　星期二　晴
職務

　　本公司歷年負擔營利事業所得稅均有短估金，前年度曾達二十餘萬元，去年度已審核完畢，剔除項目據云甚少，余乃試為計算短估金可能有若干，結果只一萬餘元，尚不算多也，今年已近年度終了，上半年預估與十月底之實際額，相去不遠，或不致有如往年之超出三分之一也。

11月3日　星期三　雨
職務

　　審訂本公司會計科目，緣春間請會計師設計會計制度，其科目部分十之八九抄自 Mobil 公司之 International Chart of Accounts，久久無暇核對，今日加以詳細檢查，發現增減頗有失當，經予以修改，蓋原 Mobil 之通則所用科目多至數倍，其中不用者非經詳細斟酌，不能遽行刪去也。

11 月 4 日 星期四 晴
職務

　　稅捐稽徵處對於去年所報所得稅之利息支出未完全用於未完工程予以資本化一節，在複核中表示懷疑，並將再查，今日主辦之林祝額君告余以此事，囑再準備資料。與高雄廠會計朱君討論廠方會計諸多問題，以及隨新產品逐漸上市而來之營業與會計配合等問題。

11 月 5 日 星期五 晴
職務

　　根據帳列經過情形擬成去年本公司利息支出內容說明一篇，認為未為未完工程而舉債，利息全為營運資金而付，尤以進口原料為多，至年底現款甚多，乃一時現象，不能謂全年均不須舉債也。

11 月 6 日 星期六 晴
職務

　　計算十月份成本分配間接費用又發生以管理費歸入工程負擔之問題，與月底之首次發生在製品餘額之處理等問題，周、朱二員照例有其週期性之爭執，為之排解始息。

游覽

　　下午到士林園藝看蘭花、菊花、玫瑰與盆景展覽，甚佳，今日與德芳同往，因時間地點未能脗合，以致相左。

11月7日　星期日　晴

職務

在台達公司工作半年，已經就緒，但常常感有困擾者為成本之難有理想計算方式，與舊廠移新廠之固定資產難有合理的重新調整帳面之方法，此二事雖在休假日仍時時縈懷也。

體質

楊天河醫師為余治鼻已半年，現仍每日吹入藥粉，現在鼻涕甚少，但喉頭仍有分泌，又嗅覺須早飯後恢復，且不完全也。

11月8日　星期一　晴

職務

上月份成本計算發生製造少於銷售之問題，經證明係發料及成品報表互不相謀，且與實際不符之故，此時各項原料人工與費用均已分攤於各出品中，獨此一項漏作成品，為節省時間，余初主只計原料成本，以待次月原料內減列，互相抵銷，周君則主不改上月份之總成本，籠統將此一成品列總出品中，余允其試做，此法之缺點在不能表示明細出品數目，及其單位成本，故余不欲贊成，而周君主成本計算，為趕時效，只好聽之。本公司成本會計自多種加工品相繼問世，一直在摸索與演變中，而工廠傳統習慣，對於領發原物料平時甚馬虎，待月底總算，於是有無遺漏無從發覺，此為根本上之弱點，非建立制度不能防此等怪事也。

11 月 9 日　星期二　雨

職務

　　起草財產編號分類辦法，參照行政院所公布之辦法，分為土地、房屋、機器設備、運輸設備、什項設備及物品，共為六類，物品再分為消耗性與非消耗性，此二種極得力於行政院之辦法，因其品目太多，不易想得周到也，至於以前之五類，則仍照現頒辦法以本公司生產情形為主加以編列，初稿既成，自以為尚能免於罣一漏萬之譏。

瑣記

　　近來上班因車不擠，晨起如乘 0 路車循環線至中山市場，然後步行至中山北路二段，雨天不能步行，則由門前巷口南行至公館，然後仍乘 44 路車回程，直至中山北路，下班時本可直乘 44 路，但連日亦無搭乘希望，不得已則步行逆轉至接近起點之圓山，然後再乘 44 路車，有時則以他車啣接，計乘二次，交通困難可見一斑。

11 月 10 日　星期三　雨

職務

　　上月份月計報表於今日發出，周君初稿係於昨晚完成，余於今晨提早到辦公室複核，隨即打字，一面余即起草 cover letter，皆於中午前完成，此次為銷貨極佳之月份，盈餘超出一百萬元，故信內略作分析，即覺已甚充分，不比淡月之挖空心思以求說明也。下午參加每週會報，此為業務性者，余則聽多於說。晚，與葛副總經

理及貝聿燾、吳幼梅請財政部賦稅署閻、林兩科長，譚
專門委員及高君晚飯，請其對於本公司即將出品之聚苯
乙烯申請免所得稅事予以協助。

11月11日　星期四　陰偶小雨

職務

公司董事余伯祺曾向余索月份報表，當時因主管財
務會計之馬副總經理公出，余即作主為其送去一份，馬
氏歸後不以為然，並云余並非常務董事，今日余君又有
電話要上月份報表，余即囑其直接向馬氏接洽，二人在
電話中似未表示一致之意見，馬氏乃依公司法及公司章
程解釋，認為監察人可單獨向公司要資料，董事則應開
會行使職權也。台達與華夏之間（余在華夏辦公）雖均
為趙總經理投資，然甚有別，馬君不願以資料供華夏，
華夏則雖趙氏面囑余對其財務情形加以諮詢，然主辦人
員則絕口不提，此皆可見雙方只有趙氏一人不分界線，
他人則大有距離也。

11月12日　星期五　雨

師友

下午，李德民君來訪，談其正在負責清理之中國漁
業公司情形及與經濟部會計長朱如淦不能協調之原因，
余因曾為李君函朱君介紹其為人，希望於清算完畢後早
日發表其他單位之主辦會計工作，並未獲復，故暫時不
擬有進一步之表示，只囑李君為自己利害而與朱君不宜
多所隔閡，如不能好轉，而認為余可以為力時，當轉託

其他友人再向朱君進言云。

交際

晚，吳邦護兄之長子正中在統一飯店結婚，余購贈象牙插片刻畫一座，並往道賀。

娛樂

晚，張中寧兄贈入場券到師範大學看學生平劇公演，余到時較遲，王馨東所演轅門斬子已演其半，此劇因角色太多，配合不易，故不如王君以前演一生一旦之劇為精彩也。

11 月 13 日　星期六　雨

職務

本公司有關係之華夏公司向第一商業銀行借款，以本公司股票（當係趙廷箴所持有之股票）為抵押品，因而須送本公司最近之財務報表，向余索取，余曾以此詢之馬副總經理，馬氏謂依原則應由董事長或監察人向公司提出，始可提供，余將此意告以華夏財務主管，一面即準備一種本公司較為簡單之資產負債表與損益表，用英文原本改變而成。在準備之時，仍為淨值問題所困擾，蓋因所得稅與法定公積金之提撥，依本國習慣與美方要求，有甚大之區別，而又無法折衷，無已，乃完全依本國政府所許之習慣作成，以備交其應用。

參觀

下午到中山堂看劉道行君百體書展，由鐘鼎而元明、金文、碑版，以至叢帖，幾乎無一不備，尤其漢碑之多為余昔所不知，其所臨摹，大淳小疵，而最精彩者

尤為臨王、蘇、米、黃諸帖，蓋其寫碑既勤，其表現於帖者乃有游刃有餘之態，此一既簡而明之理，於劉君書得以證之也。

11月14日　星期日　陰雨
參觀

到歷史博物館看本屆全國美展，樓下為國畫，出品特多，出色者有張大千橫貫公路六頁屏，又有某君之朝暉圖，以白底襯為日光與雲影，手法高妙，樓上為書法與篆刻、西畫與攝影，書法特出者有葉公超行書、李光啟臨何子貞八分書、奚南薰篆書等，篆刻則王壯為四師齋印數幅與曾紹杰作品皆有特長，此外則雕塑有國父象，極佳，而最妙品為刺繡，有正氣歌草書，逼視不見絲痕，與墨跡無異，精絕，故宮所藏名繡，不是過也。

11月15日　星期一　晴
職務

余素強調處理任何數字有關事項複核之重要，然至今尚有疏忽之處，例如本公司傳票甚多無人複核，雖一再強調，但常常不能照辦，無法時時叮囑，又如余昨日曾依照上月份之資產負債表製成簡式，以備提供金融業參考，今晨已交打字，打好本擬依原稿核對後即行送出，其時又思將其中計算加減就打好之表加以核算，乃發現兩處錯誤，一處為抄寫時顛倒位數，一為為將應歸入乙項者先由甲項抽出而遺忘未歸入乙項，此兩錯誤，皆易於送出後被人發覺而成為笑話，幸在此複核中發

覺，始得挽回，追溯起因，即在草稿完成後未經複核即
交打字之過也。

11 月 16 日　星期二　晴曇

職務

　　每月辦理結算均因須爭時間郵送紐約，故一切均由
周君一人為之，迨余複核之時，亦只能看其大概，內容
如何，殆已不遑計及，今日將周君送來成本計算資料加
以複閱，此項資料為成本傳票之所從出，余在傳票蓋章
時尚未見也，今日從容閱其成本計算方式，發現關於未
成品方面，有待仔細推敲，蓋平時皆不計未成品，上月
有部分紗管未完成，周君獨出心裁，以完成程度與費用
累計混為一談，頗屬費解也。

娛樂

　　晚，同德芳率紹寧到台大看崑曲研究社演出，凡三
折，一為牡丹亭，二為刺虎，三為西廂記，牡丹亭含
春香鬧學與游園驚夢，西廂記含佳期與拷紅，擔任春
香之蘇可勝有大段唱工，又擔任紅娘，唱做並重，殊
難能也。

11 月 17 日　星期三　晴

職務

　　去年本公司所得稅審核，至今餘音不絕，其第一課
代課長認定必須就未完工程用款加算利息，以降低利息
負擔，而提高盈餘，曾加解釋謂利息支出全為營運資
金，但彼仍要未完工程之實際發生日期，並要積數資

料，今日為之送往。應收帳款有收到溢額票據以尾數找回現金者，前未之見，王君初全收應收帳款，然後以現付沖出，同仁以為不合，後改在轉帳傳票將差額用現金科目表示，旁觀者又謂轉帳傳票何得有現金，皆只知其一，不知其二也，一般人往往多失之於只知批評，而無建設性意見。

交際

晚，參加此間外資公司會計人員聚餐，此次由慕華公司鄧漢生君召集，余初次參加，見只有會計人員六、七，另有 CAT 之總務經裡 MacNeir (?) 發言最多，實為此一集會之實際首腦，席間彼談者以稅務為多，乃當前最大秕政，均有同感。

11 月 18 日　星期四　晴

職務

本公司為設立 Polystyrene 工廠向交通銀行進口機器 32,500 美元，又付 Know How 費 85,000，此兩款分十次還清，第一次十分之一將於日內結匯，但 Know How 只付過 25,000，日內續付 30,000 元，擔保品 Mobil 按其出資比例擔保 51%，計 59,925，比現負額 75,750 不足 15,825，但現在已經於 Mobil 外提供擔保品為 15,925，適足以彌補此差額，因內容複雜，經製一詳表，將函送銀行請予調整。

交際

晚在素菜之家請由巴黎來台之閻若珉兄吃飯，並以于仲崑兄為陪，另約楊天毅兄未到，于仲崑太太亦未

到,余與德芳在座招待,極盡歡洽。

11 月 19 日　星期五　晴
職務

美方 Mobil 之股東代表人 Kinsella 由東京來,提及昨日紐約來函,對於最近公司所送秋季季報與明年之 Profit Plan 所生問題,該函余經看過,並無實際上之歧見,只是表達方法之不同而已,Kinsella 閱後即不再詢問內容。公司董事余伯祺曾索十月份報表為馬副總經理所拒,去函謂應以董事長或監察人名義或在董事會為之,余回信不以為然,但博引公司法條文,似乎亦未中肯綮,尤奇者自稱常務董事,而以前馬氏則曾謂其並非常務,且其來函所署名義又為華夏公司副總經理,不知與此事有何關係,但同時渠亦即照馬氏意見,囑華夏薛君持監察人趙朱懷芳之章來索,余即複印一份交去,故此一事端乃爭名義而並未觸及實際問題也。
慶弔

上午到市立殯儀館弔同鄉何冰如之喪。

11 月 20 日　星期六　晴陣雨
職務

本公司總務經理林天明君乃馬副總經理關係而來任職者,今日對余談論馬氏作風,認為其遇事不知界限,熱心過度,所問多份外事,貽人以攬權之譏,而未必有特殊之成就,此項批評,固既中肯,然余於馬氏之為人,認為仍然瑕不掩瑜,蓋作事能任勞者,固自不易,

任怨者更為難得，馬氏兼而有之，余察其所以致此，一
為秉性勇於負責，二為年富力強，少有挫折，三為美方
責望，苛細無比，四為馬氏未在行政機關服務，於世故
所知所感，並不痛切，其銳氣未受挫折，猶之余在三十
年前時然，彼比余該時為長，故難能也。

11月21日　星期日　晴陣雨

娛樂

下午到國光看小大鵬平劇公演，為全部探母回令，
由徐龍英、崔復芝分飾前後四郎，張素貞、廖苑芬分飾
前後公主，王麗雲飾太后，程燕齡飾宗保，徐智芸飾佘
太君，其中公主一角雖為兩新生所飾，但工力均不弱，
且字正腔圓，唱做均不苟且，可謂珠聯璧合也。

11月22日　星期一　晴陣雨

職務

在余前擔任台達公司會計主任之汪曉林君，因與馬
副總經理不洽而去職，中間謀事不成，乃又回公司以過
去半數之待遇任職臨時人員在高雄廠工作，現在不過兩
月餘，今日由高來台北，告余將改就勝家公司職務，
最初不肯明言何日往就，後又謂將於本月23日前往，
余謂有無待出差之馬副總經理回公司後來辭職，彼謂不
必，因渠任臨時職員時，曾言明雙方不受約束也，余表
示個人不願阻其另有高就，但手續上須由工廠轉辭呈來
公司，由總副經理核定云。

11 月 23 日　星期二　晴

職務

參加各機關聯合視察之談話會，未有甚多之發言，半小時散會。代表紐約 Arthur Young 查帳之蘇君來接洽繼續查核事項，完全為安排年終應辦事項，如未完工程及遞延費用等。

集會

晚，出席經濟座談會，外匯審議會譚玉佐君報告香蕉輸日貿易現狀甚詳。

11 月 24 日　星期三　晴陣雨

職務

編製去年及今年一至十月之成本與費用比較表，此為上星期五 Mobil 股東代表 Kinsella 在台要求辦理者，余依據兩年帳面數字加以分析後，開列成表，並擬公文請葛副總經理簽字發致東京，葛氏初不肯簽，余謂 Kinsella 在此主辦此事係對彼與余二人所談，由彼簽字自屬正辦也。擬十月份致開發公司開發基金月報表，事先並請公務採購部分提供有關資料。

11 月 25 日　星期四　晴陣雨

職務

昨日所編之去年、今年十個月之費用報告比較表，經葛副總經理持送趙總經理後，認為所列之費用只有製造費用及營業費用，其實費用性質之支出尚有在其他科目中者，希望亦能加入，余以為 Kinsella 之著眼點似不

能將範圍擴大如許，意殊不以為然，但仍決定照改，於
是另將本年十個月來之未攤銷工廠擴充費用與試車費用
亦依照製營二費之科目名稱分析排列，於是今年之費用
又行加大約四萬元美金。在編此新表之時，發現昨日已
經製成之表有數字錯誤，乃由於其中一項細數有所改
動，而未將總數照改，又未複核，致有此失，幸未發
出，書此以自警惕。

閱讀

　　再讀陳之藩作旅美小簡，乃一極為好學深思者之小
品集，尤以其所寫河邊的故事為最富諷刺時代之意識，
讀後不能釋然者久之。

11 月 26 日　星期五　晴

職務

　　余接台達之會計主辦工作已半年，對於過去之帳因
只能粗枝大葉的了解，而不易有時間另看清從中發現有
何問題，有之，則往往因檢查小的資料而連帶的知其他
情況，例如今日余將著手計算至年底止比較正確的所得
稅估計數字，而需明瞭有免稅關係之 formalin 在全部銷
貨中之百分比，乃查銷貨簿之專欄，但只有每月數而無
累計數，又查銷貨收入科目在總分類帳中自然應有累計
數，但又因帳內有誤記沖帳等情形而不能即以十月底餘
額為準，於是乃知帳務方面數字記載方式上之問題，又
如余欲知今年之盈餘內將提若干公積金而一向未注意是
否應以稅前或稅後為準，乃查核過去知以稅後為準，然
稅額常經年累月而不確定，以致法定公積無法恰為純益

之百分之十，此亦一實務上之問題，設公積因常常波動
而不足累計純益之一成時，又將如何，公司從無規定，
亦未見解釋，將是懸案矣。

11 月 27 日　星期六　晴
職務

到交通銀行接洽歸還其 117,500 美元貸款第一次還
款 11,750 元之手續，因外貿會核准結匯之通知昨日接
到，副本尚未抄到該行，故憑本公司正本辦理，定週一
交款。

娛樂

下午同紹寧到愛國看電影「第七號情報員」，包括
兩部，一為 Dr. No，二為 From Russia with Love，史恩
康納來主演，為偵探片，情節極為緊張，此片主角名曰
James Bond，聞此一人物已在全球為家喻戶曉之事。

11 月 28 日　星期日　晴
家事

上午到姑丈家探視，前悉表妹姜慧光已率幼子赴
美，現由姑丈扶養其長子與女在此治療砂眼，待再前
往，今日姑丈解釋表妹未能向余辭別之原因，謂走得倉
卒云。

娛樂

上午同德芳到豪華戲院看「翠堤春又曉」（The Waltz
King），為史特勞斯二世之成名故事，全片為音樂優美
旋律所交織，故事亦富人情味，纏綿蘊藉，佳片也。

瑣記

自紹中赴美，其所用甚舊之大床廢棄，但又無法處置，余乃設計改造為書架二隻，今日開始先將床腰斬，然後以兩端之堵頭連接於兩側，使加深度，然後以木板加成橫隔，半天而成其一，至於另一則因材料不夠，須另行設法，在製作中德芳相助，且提供意見，結果完滿。

11月29日　星期一　晴

職務

稅捐稽徵處對於本公司去年度之所得稅結算已大體結束多日，只未有文字通知，但今日又有新要求，即對於以前應該處要求所送應收帳款明細表，又囑加送其中在台北之超過五十萬元者之核帳證明，此為查帳準則所無，完全無中生有，且對於納稅額亦絕無影響，但既有此要求，且據主辦之審核員謂係代課長之秘書所提出，無可理喻，故只有照辦，乃囑該經辦收帳之李君分頭接洽請填復公函，蓋此等事在習慣上雅非客戶所願也。義大利 Polystyrene 之應付 Technical Know How 費用第三期三萬元美金於今日匯撥，並對抵押品之提供辦一詳細公函致貸款之交通銀行。

11月30日　星期二　晴

職務

起草台達公司增資方案及其與所得稅之關係，長千餘字，原以為十分簡單，只須計算現在可能的年底盈餘

情形，除去完稅與提公積金而外可供提撥資金若干以作
資本，其後因引用條文及說明不能過簡，乃多所引伸，
並將股東之扣繳綜合所得稅問題亦一併加以計算，如此
可供董監事與股東可以有清楚之了解也。本公司之帳務
已符合財務公開之原則，但因股票並不上市，故不對外
發表。

12月1日　星期三　晴

職務

寫作本月六日應提出會報之工作報告，分財務與會計兩部分，資料全屬於十一月份，僅會計報告分析為有上月份者。寫作一項英文 Memorandum，提出將來對於數項無形資產及遞延資產之攤銷方案，此為查帳人員主張向紐約請示之問題，經商洽馬副總經理，認為應提一方案先與即將來台之 Kinsella 商洽云。

交際

晚，參加外資公司會計人員聚餐，今日只到六、七人，且初次有外賓財部林科長參加。

12月2日　星期四　晴

職務

與合作金庫中山支庫接洽如何依動產擔保交易法所定之辦法向該庫辦理抵押借款，並因該辦法所需之登記公告時間甚長，而本公司本月內即需數百萬元之支付，林副理表示可以透過該總庫要求其支庫在辦理手續中間先行動用款項，此外並可以未到期之票據申請貼現云。

師友

晚，同德芳到和平東路訪黃筱寅夫婦，不遇，留言請其星期六便餐，又贈送本公司新出品之晶盒二只。又到羅斯福路三段訪張中寧夫婦，贈晶盒二個，並探詢其甫由金門回台之三子是否進行留學，蓋以前彼曾託為其謀事，未知其是否迫切，現在知其志似不在謀事也。

12 月 3 日　星期五　晴

職務

　　所寫本公司增資方案之擬議及其與所得稅之關係初稿，本於前日完成，昨葛副總經理謂將股東之綜合所得稅算成具體數字，又福美林系統與不免稅部分之比例或按十噸與卅噸各為 1/4 與 3/4 之比例，或按已不免稅之十噸設備作為十足生產，餘量始歸卅噸，二者並舉，以資比較，余於今日加以修改，就便將誤記為四個半月之元旦至四月半改為三個半月，下午打好後，又發現引用綜合所得稅扣繳率未分別中外股東，改就後又發現外國股東扣繳率雖稅法訂為 15 %，但獎勵投資條例則訂為 10 %，於是一再加註或更改，紛擾終日，至下午交卷後歸家途中，又記起未將在 10 % 計算下之扣繳額計算正確，甚矣做事照顧周全之難也，雖云因瑣事太多，未能專注，豈不因思索有欠周密乎！

12 月 4 日　星期六　晴

職務

　　本月份為公司支出最繁之月，蓋若干原料進口關稅，與進口價款均在本月支付也，余曾與馬副總經理談及繼續借款之必要，渠今日告余將商之 Mobil 股份代表人 Kinsella 另謀借貸之法，囑匡計收支情形，余乃即行擬定本月份現金預測表，計收入項下包括上月底結存與本月到期之應收帳款與應收票據，及尚未動用之銀行借款共四百四十萬元，而在本月內應支付之原料價款關稅連同本身之成本與各項費用，共需六百七十萬元，相差

二百三十萬元須賴銀行借款，此外則尚須支付義大利
Mazzuchelle 末期 Know How 費美金三萬元，由交通銀
行貸款內支付，一向由合作金庫向交通銀行擔保，只憑
信用，現在亦需抵押，如此則本月份之借款與抵押品情
形須建廠完成後細加安排也。

12月5日　星期日　陰雨
師友

上午，廖國庥兄來商洽英文會計譯文有關問題，緣
Finney 之 *Principles of Accounting* 第二冊今夏出版，渠與
徐自昌、呂久渭二兄合譯，趕於最近印行上冊，其所擔
任之部分練習題譯文多有不能自信之處，乃與余商榷，
余見其所譯大致不離，鼓勵其毋過於慎重也。

娛樂

下午到空軍小大鵬公演參觀，凡三齣，一為張素
貞、張安平、王麗雲、廖苑芬合演四五花洞，四人各唱
一句之一段，勢均力敵，二為徐智芸、任東勝合演遇皇
后，二人唱得均好，極為生色，三為崔復芝、張安平、
廖苑芬、朱錦榮合演戰太平，此劇唱做繁重，崔復芝演
來無懈可擊。

12月6日　星期一　陰
職務

下午舉行業務會報四小時，余代表會計處參加，除
報告外，並提案兩件，一為請決定年底盤存辦法，並將
十一月間工廠對甲醛、甲醇所盤盈虧併歸年底做帳，以

便於五天內併報稅捐處，二為請決定財產分類編號辦
法，余所提草案一件，皆無意見，但工廠方面認為廠
內已編定一種 Equipment Number 應歸一致，余同意其
見解。

交際

　　晚，在中國之友社與德芳約黃筱寅船長夫婦吃飯，
以酬謝其助紹中乘船赴美之盛意，席間黃君談此間惡性
補習已經日新月異，甚至校長陽為不知，陰收回扣，又
談台灣碼頭陋規之盛，為東亞冠，均屬令人喪氣之事。

12 月 7 日　星期二　晴曇

職務

　　下午，忽有稅捐處第四課潘、盧二稅務員來調查綜
合所得稅扣繳資料，余初以為余之扣繳資料均集中於一
文卷，可以一舉而核明，但彼堅持須有核對帳冊之必
要，故先將薪俸部分之明細帳交其核對，因該帳尚有其
他科目，彼即一一搜尋，以發現有無其他遺漏扣繳之
處，結果發覺有房屋裝修費將來完全無條件歸房東者，
云須作為房租而扣繳，又有支付廣告設備費，無扣繳事
實，亦須補繳，又在推銷費用發現有業務推廣費，彼
懷疑為付給個人，余則因該費為付給長春之聯營報酬
並無憑證，諉稱當時余不在公司，原人外出，不予解
釋，其時已晚，乃約其赴中央酒店晚餐，以資沖淡，
蓋該款雖無扣繳問題，但可慮其作成紀錄，影響明年
藍色申報也。

12月8日　星期三　陰雨

職務

　　夏間所請會計師設計之會計制度內會計科目部分，係完全抄自 Mobil 之 International Chart of Accounts，經余審查時略作修改，後又由周君譯成中文，今日余再加以校正，原則上中文名詞係儘量使之與政府公布商業會計科目相同，審訂之後感覺科目太多，雖只占原定之一部分，但已甚為繁複，事實上恐終不能完全採用也。由於在工廠整理固定資產之汪曉林又忽然離職，遺留未完工作尚未有人接替，致工廠之整理固定資產一事又延緩一個月，預定上月底完成後又延至本月中，恐實際上非至月底莫辦矣，但余恐其中有須檢討之問題，故於今日與工廠會計課朱君言明，下星期一定可覓到接替人選，希望在一週內完成，免無從容探詢討論之時間云。

12月9日　星期四　晴

職務

　　日前馬副總經理要求本處周君為其編製一項 Polystyrene Fabrication 計劃之支出細數表，周君因工程部分提供之資料無法與本處帳目相核對，認為無從著手，要求正在此間之高雄工廠會計朱君為之提供辦法，朱君只負責該計劃帳面記載，對於實際亦屬茫然，以致二人相持不下，余乃囑朱君於昨晚回高雄後先與工程部分核對，然已不能依馬氏限期本星期六完成，今日馬氏由高雄來電話，謂此事無特殊困難，望勿待先行對帳，余乃自行動手，以工程部分資料為基礎，核對帳簿，大

體於下午完成，其中進口機器最清楚，本地採購因帳在
高雄，又水電設備係各計劃分擔，均依工程部分列數加
入，自以為尚屬妥貼。

12 月 10 日　星期五　晴
職務

　　高雄廠因原料進口報稅需款150 萬元，上週余即知
之，且因無現款，曾與合作金庫接洽貸款方式，其後因
他事相牽，今日接高雄請款函，須明日撥款始恍然大
悟，亟與合庫聯絡，一面囑王君逕將準備貼現之支票開
一目錄，余於午間送往，請其趕向總庫接洽於明日貼
現，據林副理云或可不誤時間云。

閱讀

　　十餘日來讀以前由國大秘書處借來之新書： E. Snow:
The Other Side of the River, Red China Today，為一七百餘頁之書，
寫其數年前在中國大陸旅行所得資料，立場對大陸政權
極同情與頌揚之能事，然所提供具體事實與數字，於大
陸之經濟建設情形殊不能忽視也，又作者為一職業新聞
記者，其敘述難免誇張聳動之弊，此於其對台灣之涉
及事項可以見之，從可知讀此書應持保留態度也。

12 月 11 日　星期六　晴
職務

　　十一月份月報表於今日趕出，並寫 cover letter 二件，
連同 Capital Expenditure Schedule 寄發紐約。昨日貸款
事因合作金庫須待其理事會或總經理核定，而其總經理

今日上午又外出開會，余為不誤高雄之今日報關支用，乃採用險著，由彰化銀行於十時半票據交換前電匯高雄，蓋期其中午前必可批准也，至十一時五十分合庫電話云，守候核批之人員已回，核准照辦，此時交換票據必已退回合庫，而一切就緒矣，余向來處事不肯冒險，而此事有類空城計，因預料其核准必在中午前，不致延至後天也。

12月12日　星期日　晴

參觀

上午同德芳到省立一女中參加其二十週年校慶紀念，因到達較遲，致所欲覩之儀隊表演其中有幼女紹因參加者竟未獲見，其時已將表演墊上運動與平衡台運動，此運動表演凡半小時，由十學生擔任，亦甚不易，繼為大團體舞蹈，凡數百人，隊形變化甚為井然有序，及畢即中午散會，尚有展覽會，多數未能參觀。

娛樂

下午到國光看小大鵬表演平劇，計四齣，前為任東勝、張素貞之探陰山，尚好，次為程燕齡、王麗雲、朱錦榮之白門樓，搭配亦甚合宜，三為崔復芝與張安平之三娘教子，崔甚好而張稍弱，末為胡小鳳、楊蓮英、劉台生等之泗洲城，三人皆有甚佳之打武，極其緊湊。

12月13日　星期一　晴

職務

上星期於到中山北路合作金庫接洽抵押借款之辦理

動產抵押法手續時，因緩不濟急，林副理主張先由本公
司與其總庫王總經理接洽，以便通知該分庫先行墊借部
分應用，今日余報請馬副總經理與王氏接洽，電話中
王即轉告分庫黃經理，黃君又以電話詢余，余即告以原
委，移時黃君又來面洽，謂信用放款對一家不宜太多，
並詢問對外負債情形，將來償還辦法，余知其在明瞭本
公司財務狀況，當即予以解說應收帳款與應收票據之漸
多，為需要借款之原因，並自動給以十月底之資產負債
表一份，以示不必多予顧慮，並允期限可以略短，並於
舊曆年前還一小部分。

12 月 14 日　星期二　晴

職務

合作金庫來電話只允借貼現款一百萬元，尚有一百
至一百五十萬元須星期六支付者無著，與馬副總經理一
再商洽，渠即再電話該庫總經理要求，至晚尚無結果，
乃決定分頭進行，余即赴交通銀行與趙葆全、侯銘恩
兄接洽，交行允照借二百五十萬至三百萬元，其方式初
擬用廠內原料與成品抵押，但須待放款委員會與常務董
事會通過，趙兄謂如用承兌票據貼現，可以由渠批辦，
可應星期六之需要，遂取空白而歸。在赴交行前接合
作金庫黃經理電話，謂須面談，及往，渠謂 250 萬元
可照辦，但有三條件，一為一百萬用支票貼現，二為
一百五十萬由華夏出票本公司承兌，三為立同意書將工
廠機器設定質押，余允與華夏商量後明日答復。

12月15日　星期三　晴

職務

　　上午將昨日接洽貸款情形報告 G. B. Mar，彼不願請華夏出票，以免將來有相反事項，寧可向客戶索本票在交通行貼現，但後又以電話詢合作金庫，可以將出票事改為本公司出票請華夏背書，並得華夏同意，決定循此途徑進行，余乃馳往該庫與黃經理洽辦，因遠期支票不多，決定改為支票貼現八十萬，本票貼現 170 萬，但細數須明後日決定，以便再收到若干支票，歸後即洽收款員及高雄廠加速收票，並因此案須由合庫總庫之常務董事批准，余乃電話該庫隋玠夫兄與常董陳開泗兄說項，以免總庫不能批准，此項安排似乎在星期六可以掌握 250 萬之用款也，然數日來已煞費周章矣。

12月16日　星期四　晴

職務

　　為向合作金庫貼現支票八十萬事，因昨日已有之支票只八十萬，七折只合五十餘萬元，故以電話催高雄廠向客戶羅致三十餘萬，今晨接工廠寄來九十餘萬元，另有即期支票三十餘萬元，而本市客戶亦有期票收到三十萬元，如此超出需要，可見公司內部合作甚佳也。下午到交通銀行與唐襄理洽放款事，告以日前洽貼現事略緩，現在將先申請五百萬原料成品抵押，唐君允予照辦，謂手續須先去函，申明欲以何為押，經即去函高雄廠，請其速將上月底原料成品數開一清單，以便函洽。

交際

晚，到第一飯店參加汪焦桐兄為其子之喜宴，並送喜儀一百元。

12 月 17 日　星期五　陰雨
職務

連日來所洽之合作金庫貸款 250 萬元，今日接黃經理電話，謂彼申請總庫核准以支票貼限八十萬，以本票由華夏背書 170 萬元之文由總庫理事長批回，未置可否，只囑於把握債權，黃君約余商量如何應付，以不誤明日用款之期，乃決定由余再行向客戶洽收票據，連前共足二百萬元，放寬九折貼現 180 萬元，以所有愛國公債按八折押二十萬元，再由本公司將本票減為 50 萬元，庶符此旨，余即歸籌票據，結果為數超出預計，余乃改為用遠期票據 250 萬元押借 225 萬元，以愛國公債押借 25 萬元，合共 250 萬元，現在只慮其理事長能否於明晨批回，設不能批回，只好明日再用變相辦法在交換技術上擱延一天，待下週再由其理事長批准辦理矣。連日為籌款事，緊張萬分，可謂席不暇暖。

12 月 18 日　星期六　晴
職務

合作金庫來電話，謂其理事長尚未到庫，故新放款方式雖已全部改用支票，仍須待其核批後始可承做，余因四個月前開出之本票華僑銀行將於今日提出交換，故要求合庫可否由本公司於交換時間後開一他行支票交該

庫收帳，黃經理表示不可，余乃囑進口同仁到華僑銀行
要求延至下星期二交換，當荷同意，本行與華僑銀行共
往來不久，此雖下策，亦無之如何也。

參觀

　　士林故宮博物院開幕月餘，未獲往觀，今日下午往
看其首次展覽，二小時始竟，精品甚多，而陳列亦甚錯
落有致，樓上下大廳皆為書畫，四角房則鐘鼎、玉器、
瓷器、書版等，此次展出書畫，書法有王右軍快雪平
安何如奉桔等帖、褚倪寬讚、玄宗鶺鴒頌、張雨沈粲行
書、沈度不自棄說、趙子昂趵突泉詩，畫則唐宋五代元
明皆有稀世之品，如荊浩匡廬圖、董源洞天仙堂、李坡
風竹圖、巨然雪圖、周文矩牧羊圖、王世昌王疇雍大山
水、江參千里江山卷、夏圭溪山清遠卷、黃公望富春山
居卷、柯九思晚香高節、沈周寫生冊、陳淳花卉卷，又
有特殊之品，有宋瓷月白火爐，明人寫經佛母現證儀，
黑底金字，光彩奪目。

12 月 19 日　星期日　陰陣雨

交際

　　秦亦文三子晚在李園飯店結婚，與德芳往賀。

娛樂

　　下午看小大鵬平劇公演，戲碼為拾玉鐲、鐵公雞及
六月雪代法場，末齣由邵佩瑜主演，邵唱程派，嗓音甜
潤，近聽不甚高亢，但至場後最遠距離仍然同樣清晰入
耳，足見其工力非同凡響也。

12 月 20 日　星期一　雨

職務

　　星期六向合作金庫接洽之借款，悉已由其總庫批准，故於今日填寫本票並填寫各董監事連帶蓋章之保證書，此項保證書以前汪曉林辦會計時曾填一張五百萬元，現在因已超過此數，故改為一千萬元。

體質

　　公教人員保險之常年體檢於今日上午在省立醫院辦理，今年之檢查辦法與往年不同，注重受檢人之自填各項資料，檢查醫師根據其中有特殊意義之事項予以探問發掘，余所填者皆為負號，只有鼻疾至今鼻竇炎未愈，醫師云有開刀七次、八次不愈者，余之血壓量得130/80，甚為正常，體高則似乎特比體重為不相合，體重超過七八公斤云。

12 月 21 日　星期二　晴

職務

　　本公司之年終獎金規定為二個月，但以在職至年底者為限，又在職不滿一年者，按比例月數計算，均在次年一月份發給，但因其屬於本年之開支，故須在本年作為費用列帳，因而須在年底以前將數目算出，而又因待遇保密，故須由余親自核算，今日將總公司部分之表製出，並將總數作本月三十一日轉帳傳票云。菲律賓會計師派人查帳，堅持以通信法與應收帳款客戶核對，但反響不佳，且多誤會，今日下午會報時提出正在設計中之公司主動按月對帳方法，意見不一，最後決定將措詞儘

量婉轉，但仍須核對云。

慶弔

　　吳望伋兄之父母在大陸作古，今日在善導寺追薦，
余往弔焉。

12月22日　星期三　晴

職務

　　馬副總經理與余談薪給保密問題，蓋因本年度考績
即將舉行，而考績中不只對於績優者提高待遇，且將對
於有特殊情形者亦予以調整，深慮因此而引起誤會，例
如職員中有打字秘書，在公司支每月四千元，實際則由
趙總經理每月貼給 2,500 元，因其數年來在其他單位即
是此薪也，現在趙氏主張由公司發給，勢必在調整案中
為之，又如出納，月薪只二千二百元，而責任甚大，亦
至少應調整至三千元，而他員不能相比也云，余意不
妨非正式的向一般說明原委，並於月初再申不得假手
他人至銀行提款之規定，俟三數月後即無問題矣云。

交際

　　晚，孔德成氏在伊斯蘭請客，在座皆國大代表及山
東旅台有聲望人士，其目的為競選二月間舉行之國民大
會主席團，但在席間並未明言耳。

娛樂

　　晚，革命實踐研究院招待國大代表同學在國光看
戲，由李金棠、趙原、劉玉麟主演甘露寺盧花蕩周瑜歸
天及臥龍弔孝，甚精彩。

12 月 23 日　星期四　晴

職務

將月初會報通過之財產分類辦法函發工廠實施，並通知總公司總務部分。

集會

光復大陸研究會今日起年會兩天，余因事未往參加，下午六時到中山堂參加全體委員聚餐，此為北方各省委員之一天，明日為其他各省。

12 月 24 日　星期五　雨

體質

上午十時右膝蓋誤撞寫字台之楞角上，當時痛不可忍，起作步行，稍稍抑止，入座後即覺眼前暈眩，喉頭作噁，亟由隔座之高君扶余至隔壁沙發上平臥，移時略愈，而喉有濃涕（此為鼻竇炎分泌物，治經年而未愈，然不致頓時如許之多也），起而袪除之，恢復辦公，覺渾身無力，至晚猶然，下午曾至國民大會醫務室就診，認為關節未損，不致有何後果云。

職務

開始填寫下半年之薪俸所得稅扣繳憑單，因雜事太多，時作時輟，今日只完其半。到交通銀行送聖誕節禮，本將十五份按人分配，分貼名條，但趙葆全兄認為最好交福利會備元旦抓彩用，故將名條撕去矣。與趙葆全兄面商本公司以成品原料抵押借款事，趙兄謂連帶關係之公司華夏亦在洽辦之中，余告以台達為中美合資，與趙廷箴氏個人經營者不同，且台達財務狀況余可以負

責認為無可為慮者云。

12月25日　星期六　晴有陣雨

集會

　　上午，到中山堂出席國大代表年會，蔣總統曾蒞臨致詞，並印發全文，對於行使兩項政權與修改憲法似乎均有阻止之意，繼由嚴家淦院長報告行政，雖內容空洞，然於內政、經濟、行政等大端皆有所提綱，亦屬難得也。下午開會討論提案。晚飯時在山西餐廳舉行提名代表聯誼會，討論如何進行要求正式出席，感覺希望不大。

娛樂

　　晚在中山堂觀平劇，周正榮、張正芬演出硃痕記，尚佳。

12月26日　星期日　晴

師友

　　晚，佟志伸兄來訪，閒談此間國際貿易與外國銀行業務情形，多有余所不知者，例如外國銀行本不應收存款，但花旗銀行與美國商業銀行均收受相對基金存款各一億元，故亦放款，利息與本地銀行同云。

娛樂

　　下午看小大鵬公演國劇，由徐智芸、陳家凱、王麗雲合演岳母刺字，此劇余初次看過，情節與劇詞均極度感人，三人演來亦各有特長，又有邵佩瑜演之金山寺，全部崑曲，亦不易易，末為嚴蘭靜、高蕙蘭與朱繼屏合

演之斷橋，唱來亦皆娓娓動聽，今日三劇皆有份量，值得欣賞。

12 月 27 日　星期一　晴陣雨
職務

繼續編製本年下半年之所得稅扣繳憑單，計分薪俸、房租、利息及權利金等數項，計共三十餘份，大體完成，尚有少數之地址未填。本公司之聚苯乙烯製品果盤本於上週贈交通銀行十五份，由趙葆全兄交福利會抽籤，但余本已向業務部之唐襄理面談將有所贈，故於今日再領五份，送由王慕堂兄並分轉四位副理與襄理、科長等。

師友

會計師王庸晚間來訪，談其所查 AID Loan 之查帳報告一直未得 AID 方面之首肯，彼極感困惑，來詢余其內容應如何安排，包括何者應入 Footnote，何者應入 Comments，又何者為 Certification？何者為 Long Form？何者為 Short Form？余對前者對其有所說明，對於後三項，不記得 AID 查帳要求上有之，故答以不知云。

12 月 28 日　星期二　晴
職務

趕將本年下半年各項所得稅之扣繳憑單填寫完盡，包括薪資、租賃、利息及所謂權利金實為廣告報酬，由於稅捐處人員主張按權利金之定率扣繳，故不加斟酌，完全依照辦理，另將半年總表亦行填好，數目已無問題，

只待在日內將未繳部分送繳，取得報繳書收據聯後，加以將號數填入，並催各扣繳之負擔人交戶籍地址、身分證號，與有關資料報齊，即可在下月初辦理申報矣。

旅行

　　下午四時四十分由台北乘觀光號火車南下高雄，因列車誤點，應於十時半到達者延至十一時十分始行到達，住勝發旅社。

12月29日　星期三　晴

職務

　　查帳人員蘇因遮電話約余同到本公司高雄廠，到後由袁副廠長陪同赴各部門參觀，彼之注意力完全在於盤存一點，月初朱慶衍科長北來時曾云已經開始著手年終盤存，今日問其已辦到如何程度，始知彼不知余所謂盤存之云何，竟以為倉庫人員登卡片即為盤存，余乃亟囑其立即著手印製 Inventory slip，實地盤點寫入，然後產生盤存報告表。在廠與朱慶衍君所洽各事極多，大致有關於福馬林工廠之遷移及其新舊資產之轉帳，舊廠移來後已不存在之舊資產之如何銷帳，上月底 Polystyrene 工廠完成，直至現在始轉入固定資產，其中 Know-how 費之如何計入固定資產內等問題甚多。

12月30日　星期四　陰

旅行

　　上午九時廿分由高雄乘觀光號火車由高雄起身北上，十二時半到台中，轉乘汽車至中興新村，由省訓練

團下車，步行回至省政府，一路瀏覽風景，但見屋舍錯落，不似一般都市之集中，遂即接洽公務，事畢仍乘汽車回台中，購物及晚飯後，於七時半再乘觀光號火車回台北，於十時半到達。

職務

在中興新村省政府建設廳洽詢二事，一為關於依新法辦理動產擔保手續之大要，據云外間多欠明瞭，以為複雜，其實只填三種表，與銀行一同呈送登記，在省府公報公布，即為有效，並無須等待一月期滿也；二為高雄廠申請之工廠登記已有數月，經詢該廳主管人員，經查出核准之文係於27日繕校並發出，此刻必已到高雄市府及工廠云。

12 月 31 日　星期五　陰
職務

出差三天，辦公室未辦之事又已積壓甚多，勢非一日間可以完成，故擇其急迫者早辦，其餘只好待年假之後矣，今日所作者為：（1）所得稅扣繳於利息與權利金者尚有兩筆未繳公庫，而明日起銀行四天不營業，乃趕將此二筆繳庫；（2）馬副總經理著手辦理考績，囑余造公司及工廠職員名冊及現在待遇備用；（3）外資公司會計人員聯誼，定下月五日舉行，由本公司作東，今日定菜並發出請束；（4）請高君與開發公司確定其貸款押品之範圍，以便酌定投保火險何者由該公司之聯繫公司擔任，何者由另一減率之三公司擔任，並確定應出帳之保費額。

附錄

收支表

月日	摘要	收入	支出
1/1	去年結存	80,453	
1/1	食品、書刊		50
1/4	午飯、食品、家用		1,725
1/6	兩週待遇	3,288	
1/6	午飯、食品、書刊、糖果、理髮、蛋糕		547
1/8	兩日午飯、車錢、食品、車票		155
1/11	食品、看戲、午飯		45
1/12	午飯、糖果、食品、香皂		65
1/15	午飯、書刊、衛生紙、食品		135
1/17	觀劇、理髮		45
1/19	糖果、食品、午飯、唱片、水果、咖啡、育幼院捐		175
1/20	兩週待遇	3,288	
1/20	家用、臘肉、酒、午飯		2,573
1/21	午飯、雞、紅豆		80
1/23	午飯、食品、鮮花、車費		40
1/25	二月份公費等四項	2,500	
1/25	茶葉、水果、食品、陶聲洋花籃		85
1/25	二月份房貼眷貼	300	
1/25	公保		37
1/25	加發一月	2,300	
1/25	修屋貸款扣還（第十一期）		533
1/25	借支招待費	2,000	
1/25	黨費、所得稅		20
1/25	光復大陸二月車馬費	200	
1/25	衣料二期		120
1/26	糖果、午飯、水果		65
1/27	唱片、水果、酒、糖果、食品、煙、午飯		120
1/29	兩週待遇	3,288	
1/29	食品、午飯、酒、肉鬆、香腸、午飯		323
1/30	紅豆、香腸、水果、電影、理髮、郵費		155
1/31	瓜子、書刊		55
1/31	家用		9,000
	合計	97,317	16,148
	本月結存		81,469

月日	摘要	收入	支出
2/1	上月結存	81,469	
2/1	蛋糕		45
2/3	車費、水果		25
2/5	水果、午飯		30
2/6	聚餐		100
2/8	點心、午餐、書刊		60
2/9	糖果、唱片、午飯		45
2/11	宋志先生日禮、午飯、奶粉、酒等		210
2/13	午餐、洗衣、食品		55
2/16	午餐、糖果、書刊、聚餐		55
2/17	兩週待遇	3,288	
2/17	家用		2,600
2/18	禮品送馬麗珊、藥品、食品、午餐、餅油		228
2/21	游山、什用		45
2/25	藥品、書刊、牙膏、午飯、糖果		115
2/25	觀劇、午飯		85
2/27	雞、洗衣、食品		65
2/28	藥品、英語唱片、租稅會費、理髮		275
2/28	家用		2,500
	合計	84,757	6,538
	本月結存		78,219

月日	摘要	收入	支出
3/1	上月結存	78,219	
3/1	公保		37
3/1	本月待遇	2,500	
3/1	衣料三期		120
3/1	本月眷貼房租	300	
3/1	扣修屋貸款第十二期		533
3/1	本月光復會車馬費	200	
3/1	同人捐、所得稅、黨費、午飯、茶		150
3/2	午飯、糖果		20
3/3	兩週待遇	3,288	
3/3	書刊、贈靳君物、藥品、午飯		173
3/8	車票、午飯、水果、丸藥		80
3/9	茶葉、糖果、唱片、午飯		70
3/12	張福濱父壽儀、午飯二天		85
3/14	電影、游山、理髮		65

月日	摘要	收入	支出
3/16	兩週待遇	3,288	
3/16	修表、午飯、糖果、家用		4,963
3/21	糕餅、大頭菜、桔汁液、食品		165
3/21	預購煤氣		10
3/24	咖啡、衛生紙、味全、香煙、午飯		75
3/26	旅費節餘	565	
3/26	戲票、午飯、車錢、食品、七弟用		3,120
3/29	觀戲、自治會費、晚餐、唱片、理髮		110
3/30	兩週待遇	3,288	
3/30	衣料、糖果、蛋糕、書刊		370
3/31	本期子女教育費	1,240	
3/31	衣料四期		120
3/31	四月待遇	2,800	
3/31	扣修屋貸款十三期		533
3/31	四月光復會公費	200	
3/31	公保、黨費、同人捐、所得稅		158
	合計	95,888	11,067
	本月結存		84,821

月日	摘要	收入	支出
4/4	上月結存	84,821	
4/4	雨傘、車費		77
4/6	食品、茶葉、肝油、牙膏、方糖、水果		90
4/10	書刊、藥品		70
4/14	兩週待遇	3,288	
4/14	修唱機、食品、肥皂、漂粉、稿紙		78
4/15	針藥十瓶		120
4/16	食品、咖啡、藥皂		75
4/17	宴客、車費、食品		145
4/20	車票		50
4/22	看病、食品		100
4/24	理髮、茶資、奶水、毛巾、藥品		90
4/26	昨日觀劇、食品		40
4/27	診費、藥、衛生紙、書刊、聚餐		70
4/28	兩週待遇	3,288	

月日	摘要	收入	支出
4/28	下月公請 Martindale、食品		163
4/28	家用		8,900
4/30	五月待遇	2,500	
4/30	公保		37
4/30	五月眷貼	100	
4/30	衣料五期		120
4/30	五月房租接貼	200	
4/30	同仁捐、食品、水果		70
4/30	扣修屋貸款 14 期		533
	合計	94,197	10,828
	本月結存		83,369

月日	摘要	收入	支出
5/1	上月結存	83,369	
5/1	食品、郵簡		15
5/2	光復會車馬費	200	
5/2	醫藥、食品、煤氣、糖		240
5/4	午餐、理髮		65
5/6	AID 尾薪	1,508	
5/6	贈友食品、中藥等		113
5/10	中藥、食品		65
5/11	車錢、理髮		25
5/11	食品		30
5/13	食品、午餐		50
5/16	觀劇		15
5/17	午飯、食品		30
5/19	會計書二本		90
5/21	車票、午餐、食品		80
5/23	觀劇		35
5/24	食品、王立哉壽儀		40
5/25	食品、午餐、牙膏		50
5/26	看病、午飯		70
5/28	看病、午飯、食品		160
5/30	觀劇、食品、理髮		30
5/31	午飯、書刊、家用		3,630
	合計	85,077	4,833
	本月結存		80,244

月日	摘要	收入	支出
6/1	上月結存	80,244	
6/1	衣料六期		120
6/1	本月待遇	2,800	
6/1	肥皂一期		73
6/1	公保		37

月日	摘要	收入	支出
6/1	光復會車馬費	200	
6/1	扣貸款 15 期本息		533
6/1	同人捐、黨費		137
6/1	洗鼻用丸藥		600
6/1	茶葉、茶盃、食品		30
6/3	紹寧用、夏節工役賞、酒		110
6/5	鼻藥		70
6/9	食品、水果、郵票		30
6/10	煤氣、洗衣、食品		210
6/11	宴客、車票、汗衫二件		815
6/13	理髮、水果、車費		30
6/14	食品、車錢、水果		55
6/18	食品、水果		30
6/19	本月待遇	7,300	
6/19	食品、膠捲		90
6/20	國大中秋借支	1,000	
6/20	張金鑑母喪儀、食品		115
6/22	晚點、水果		30
6/24	合請汪曉林、食品		120
6/27	唱片四張、觀劇、水果		75
6/30	食品、理髮、水果、衛生紙、書刊		30
	合計	91,544	3,340
	本月結存		88,204

月日	摘要	收入	支出
7/1	上月結存	88,204	
7/1	水果、車票		15
7/3	車票、食品		75
7/4	丸藥半月量、書刊		310
7/6	國大待遇	2,800	
7/6	肥皂二期（80）、會費、同人捐、公保		260
7/6	光復會車馬費	200	
7/6	修屋貸款本息		533
7/7	茶葉、郵票、奶水、襯衣		117
7/8	上月火食、賈和甫奠儀		235
7/9	食品、咖啡、書刊		65
7/12	宴客		1,820
7/16	食品、煤氣、蚊香、方糖、水果		165
7/19	表帶、食品、丸藥		355
7/20	本月待遇	7,500	
7/20	家用		7,300

月日	摘要	收入	支出
7/24	藥皂、水果		35
7/26	理髮		10
7/30	家用、食品、墨水、車票		7,105
7/31	國大代表待遇（八月份）	2,800	
7/31	肥皂三期（80）、會費、同人捐、公保		190
7/31	光復會車馬費（八月份）	200	
7/31	修屋貸款 17 期本息		533
	合計	101,704	21,123
	本月結存		81,581

月日	摘要	收入	支出
8/1	上月結存	81,581	
8/1	食品、水果、髮藥、車錢		40
8/2	洗衣		30
8/3	趙廷箴母喪儀、水果		107
8/6	丸藥半月、上月午餐		500
8/8	食品、修鞋、理髮、彭善承子喜儀		130
8/9	宣紙、水果		35
8/11	水果		20
8/14	電影票、茶葉、水果		70
8/19	家用		300
8/20	本月待遇	7,500	
8/20	車票、水果		95
8/22	理髮、修鞋		50
8/24	簿本、紹中卡片、早點、車上小帳		60
8/26	宴客		370
8/27	丸藥半月		300
8/31	水果、書刊		15
8/31	家用		6,000
	合計	89,081	8,122
	本月結存		80,959

月日	摘要	收入	支出
9/1	上月結存	80,959	
9/1	趙廷箴母五七祭禮、食品、書刊		50
9/4	國大代表待遇	2,800	
9/4	公保、黨費、同仁捐、電鍋（330）		432
9/4	國大代表待遇第一次加發	2,300	
9/4	扣回前發 1,000、所得稅 24		1,024

月日	摘要	收入	支出
9/4	修屋貸款改扣後一期（第18期）本息		328
9/5	修理修音機、理髮、咖啡		41
9/9	中秋福利金	100	
9/9	工友賞、車票、水果		110
9/12	唱針、水果		25
9/13	上月午餐		185
9/15	丸藥		300
9/16	趙母七七公份、食品		40
9/19	理髮、水果		15
9/20	本月待遇	7,500	
9/20	食品、酒		60
9/21	水果、郵票		25
9/24	水果、酒		30
9/25	咖啡、肉鬆、點心、茶葉		95
9/26	看戲、食品、書刊		50
9/29	洗衣、水果、郵票		25
9/29	公請葉于鑫（120）、李書忱奠儀（60）		180
	合計	93,659	3,015
	本月結存		90,644

月日	摘要	收入	支出
10/1	上月結存	90,644	
10/1	家用		10,000
10/2	國大代表待遇	2,800	
10/2	會費、同人捐、公保		97
10/2	預支年節加發	1,000	
10/2	修屋貸款19期本息		328
10/2	子女教育費三名	940	
10/2	車票、萬金油、書刊		100
10/2	光復會九、十月車費	400	
10/2	同人捐		20
10/3	觀劇、理髮、食品		70
10/5	洗衣、水果		30
10/6	縫工		550
10/9	領帶、水果		65
10/11	丸藥半月（300）、上月午餐		480
10/13	夏毓園子喜儀、郵票、肥皂、食品、水果		105
10/15	送馬公份、食品		65
10/17	女毛衣二件、食品、藥品		400
10/19	膠布、藥品、水果、食品		40
10/20	本月待遇	7,500	

月日	摘要	收入	支出
10/20	家用		3,000
10/22	領帶、食品		115
10/24	車票、食品		90
10/26	水果、食品		55
10/29	探李公藩病禮、牙膏、書刊、食品、香皂		210
10/30	十一月代表待遇	2,800	
10/30	修屋貸款廿期本息		328
10/30	光復會十一月車費	200	
10/30	公保、同人捐、肥皂一期（65）		132
10/31	餽贈、唱片、食品、書刊		200
	合計	106,284	16,480
	本月結存		89,804

月日	摘要	收入	支出
11/1	上月結存	89,804	
11/1	家用、食品、酒		7,280
11/4	書刊、食品、水果		20
11/5	上月火食、請同仁點心、晚飯、肥皂、賀卡		280
11/8	水果、食品、鹽酸、髮藥		70
11/9	食品、唱片		70
11/12	吳先培子喜儀		180
11/12	車票、食品、書刊		65
11/15	咖啡、禮髮		80
11/20	本月待遇	7,500	
11/20	家用		1,300
11/20	食品、唱片、水果		80
11/21	水果、看戲		25
11/24	食品、聚餐		15
11/25	晶盒、食品		210
11/28	國大補 7-11 月	5,000	
11/28	家用		7,100
11/28	書刊、電影、食品、鋸、理髮、水果		170
11/30	什用		5
	合計	102,304	16,950
	本月結存		85,354

月日	摘要	收入	支出
12/1	上月結存	85,354	
12/1	同人捐		50
12/1	本月國大待遇	3,500	

月日	摘要	收入	支出
12/1	公保、肥皂二期		117
12/1	本月房租與眷貼	280	
12/1	修屋貸款扣回		328
12/1	光復車馬費	200	
12/1	家用		5,000
12/3	書刊、水果、郵票		65
12/4	上月伙食、馬賓農生日公份		190
12/5	觀劇、紹因汗衣、食品		65
12/6	車票		50
12/11	食品、藥皂、唱片		50
12/12	觀劇、理髮		55
12/17	汪焦桐子喜儀、唱片、寧秀冬公份、水果		190
12/18	本月待遇	7,500	
12/18	家用		2,900
12/19	看戲、水果、秦亦文子喜儀		130
12/23	國大年會費	2,200	
12/23	家用		7,400
12/23	光復大陸年會費	240	
12/23	食品、郵票		40
12/24	食品		60
12/25	餐聚、唱片		100
12/26	觀聚、理髮		30
12/31	洪有統母喪禮		50
12/31	襯衣		150
12/31	家用		1,800
12/31	國大一月份	2,300	
12/31	公保		37
12/31	加發一個月（扣借支一千元）	1,300	
12/31	同人捐		103
12/31	國大一月份出席費	1,200	
12/31	肥皂三期		80
12/31	國大一月份房貼眷貼	280	
12/31	修屋貸款 22 期扣還		328
12/31	郵票、書刊		32
12/31	光復會一月份車馬費	200	
12/31	同仁捐		20
	合計	104,554	19,420
	本月結存		85,134

吳墉祥簡要年表

1909 年	出生於山東省棲霞縣吳家村。
1914-1924 年	入私塾、煙台模範高等小學（11 歲別家）、私立先志中學。
1924 年	加入中國國民黨。
1927 年	入南京中央黨務學校。
1929 年	入中央政治學校（國立政治大學前身）財政系。
1933 年	大學畢業，任大學助教講師。
1937 年	任職安徽地方銀行。
1945 年	任山東省銀行總經理。
1947 年	任山東齊魯公司常務董事兼董事會秘書長。 當選第一屆棲霞國民大會代表。
1949 年 7 月	乘飛機赴台，眷屬則乘秋瑾輪抵台。
1949 年 9 月	與友協力營救煙台聯中校長張敏之。
1956 年	任美國援華機構安全分署高級稽核。
1965 年	任台達化學工業公司財務長。
1976 年	退休。
2000 年	逝世於台北。

民國日記 88

吳墉祥在台日記（1965）

The Diaries of Wu Yung-hsiang at Taiwan, 1965

原　　著　吳墉祥
主　　編　馬國安
總 編 輯　陳新林、呂芳上
執行編輯　林弘毅
封面設計　陳新林
排　　版　溫心忻、施宜伶

出　　版　開源書局出版有限公司
　　　　　香港金鐘夏慤道 18 號海富中心
　　　　　1 座 26 樓 06 室
　　　　　TEL：+852-35860995

　　　　　民國歷史文化學社 有限公司
　　　　　10646 台北市大安區羅斯福路三段
　　　　　　　37 號 7 樓之 1
　　　　　TEL：+886-2-2369-6912
　　　　　FAX：+886-2-2369-6990

初版一刷　2021 年 11 月 30 日
定　　價　新台幣 400 元
　　　　　港　幣 105 元
　　　　　美　元　15 元
I S B N　978-626-7036-44-0
印　　刷　長達印刷有限公司
　　　　　台北市西園路二段 50 巷 4 弄 21 號
　　　　　TEL：+886-2-2304-0488

http://www.rchcs.com.tw

版權所有・翻印必究
如有破損、缺頁或裝訂錯誤
請寄回民國歷史文化學社有限公司更換

國家圖書館出版品預行編目 (CIP) 資料

吳墉祥在台日記 (1965) = The diaries of
Wu Yung-hsiang at Taiwan. 1965/ 吳墉祥原著 ;
馬國安主編 . -- 初版 . -- 臺北市 : 民國歷史文化學
社有限公司 , 2021.11

　　面 ;　公分 . -- (民國日記 ; 88)

ISBN 978-626-7036-44-0 (平裝)

1. 吳墉祥　2. 臺灣傳記　3. 臺灣史　4. 史料

783.3886　　　　　　　　　　110019243